Christian Ewald von Kleist

Die sämmtlichen Werke

Christian Ewald von Kleist

Die sämmtlichen Werke

ISBN/EAN: 9783743685680

Hergestellt in Europa, USA, Kanada, Australien, Japan

Cover: Foto ©ninafisch / pixelio.de

Weitere Bücher finden Sie auf **www.hansebooks.com**

CISSIDES UND PACHES

LOB DER GOTTHEIT.

Tausend Sternenheere loben meines
          Schöpfers Pracht und Stärke;
Aller Himmelskreife Welten preifen feiner
          Weisheit Werke;
Meere, Berge, Wälder, Klüfte, die fein
          Wink hervorgebracht,
Sind Pofaunen feiner Liebe, find Pofaunen
          feiner Macht.

Soll ich denn allein verftummen? foll ich
          ihm kein Loblied bringen?
Nein, ich will des Geiftes Flügel auch zu
          feinem Throne fchwingen;
Und wenn meine Zunge ftammelt, o! fo
          follen nur allein
Diefer Augen milde Bäche Zeugen meiner
          Ehrfurcht feyn.

Ja, sie stammelt; sich, o Schöpfer, meines
Herzens Altar rauchen!
Könnt' ich gleich den blöden Pinsel in der
Sonne Flammen tauchen,
Würde doch von deinem Wesen noch kein
Riſs, kein Strich gemacht;
Dir wird selbst von reinen Geistern nur ein
schwaches Lob gebracht.

Wer heiſst Millionen Sonnen prächtig,
majestätisch glänzen?
Wer bestimmt dem Wunderlaufe zahlenlo-
ser Erden Grenzen?
Wer verbindet sie zusammen? wer belebet
jeden Kreis?
Deines Mundes sanfter Athem, Herr! dein
mächtigstes Geheiſs.

Alles ist durch dich. Die Schaaren unge-
heurer Sphären liefen,
Auf den Ton von deinen Lippen, durch die
ewig leeren Tiefen.
Fische, Vögel, zahme Thiere, Wild, das
Feld und Hain durchstrich,
Und vernünftige Geschöpfe scherzten d'rauf,
und freuten sich.

Du giebst den entzückten Blicken, zwi-
    schen kräuterreichen Auen,
Wälder, die sich in den Wolken fast ver-
    lieren, anzuschauen.
Du machst, dafs darinn durch Blumen sich
    ein helles Nafs ergiefst,
Das zum Spiegel wird des Waldes, und
    durch Muscheln rieselnd fliefst.

Um des Sturmes Macht zu hemmen, und
    zugleich zur Lust der Sinnen,
Thürmen Berge sich, von ihnen lässest du
    Gesundheit rinnen;
Du tränkst mit der Milch des Regens, und
    mit Thau die dürre Flur,
Kühlst die Luft durch sanfte Winde, und
    erfreuest die Natur.

Durch dich schmückt die Hand des Früh-
    lings mit Tapeten unsre Grenzen;
Durch dich mufs das Gold der Ähren, und
    der Trauben Purpur glänzen;
Du erfüllst die Welt mit Freude, wenn die
    Kälte sie besiegt,
Wenn sie eingehüllt in Flocken, wie in
    zarten Windeln, liegt.

Durch dich kann des Menschen Seele in
der Sternen Kreise dringen;
Durch dich weiſs sie das Vergangne, hat
Begriffe von den Dingen,
Scheid't der Sachen Ähnlichkeiten von den
Sachen selber ab,
Urtheilt, schlieſst, begehrt und scheuet; durch
dich flieht sie Tod und Grab.

O! wer kann die Wunderwerke deiner
Liebe gnug erheben?
Selbst das Unglück ist uns nützlich, und
beseligt unser Leben.
Zweifler, rührt euch nicht die Liebe, o! so
fürchtet seine Macht;
Zittert wie verscheuchte Sklaven, wenn des
Herren Grimm erwacht!

Schaut! der Mittag wird verfinstert; es er-
wacht ein Schwarm von Eulen;
Schrecken überfällt die Lüfte; hört ihr ängst-
lich hohles Heulen!
Schaut! wie dort der Sturm die Klippen, als
zerbrechlich Glas, zerschmeiſst,
Ganze Wälder wirbelnd drehet, und wie
Fäden sie zerreiſst.

Finstre Wolken, Bergen ähnlich, stossen
ungestüm zusammen;
Schaut! aus ihren schwarzen Klüften brechen
Meere wilder Flammen;
Wald und Fluren stehn in Feuer, Ströme
scheun und fliehn das Land,
Krokodill, und Löw' und Tiger bebt, und
eilt aus Dampf und Brand.

Wälder starker Masten stürzen vor der
Wut der Wasserwogen;
Auf zerstückten Brettern kommen Krieges-
heere angeflogen,
Die der Sturm, nebst Steu'r und Segeln, zu
der Wolken Höhe schwingt,
Bis sie schnell der schwarze Rachen des er-
grimmten Meers verschlingt.

Sagt, wer donnert in den Wolken? sagt,
wer brauset in den Stürmen?
Zweifler, sprich! wer wälzt die Fluten, die
sich wie Gebirge thürmen!
Donner, Meer und Stürme rufen dir mit
hohlem Brüllen zu:
O verwägenes Geschöpfe! diefs ist Gott!
was zweifelst du

Herr! in meinem Munde follen deine
    Thaten ewig fchallen:
Aber lafs dir nur die Schwachheit eines Wur-
    mes wohlgefallen.
Du, der du das Innre prüfeft, fieh der See-
    len Regung an,
Die fie felber zwar empfinden, aber nicht
    befchreiben kann.

Werd' ich einft vor deinem Throne mit
    gekröntem Haupte ftehen;
Dann will ich mit edlern Liedern deine Ma-
    jeftät erhöhen.
O ihr längft erwünfchten Zeiten, eilt mit
    fchnellem Flug' herbey!
Eilet, dafs ich bald der Freude, fonder
    Wechfel, fähig fey!

SEHNSUCHT NACH RUHE.

1 7 4 4.

Rura mihi et rigui placeant in vallibus amnes,
Flumina amem filvasque, inglorius.

VIRGIL.

O Silberbach! der vormals mich vergnügt,
Wann wirst du mir ein fanftes Schaflied raufchen?
Glückfelig, wer an deinen Ufern liegt,
Wo voller Reiz der Büfche Sänger laufchen!
Von dir entfernt, mit Noth und Harm erfüllt,
Ergetzt mich noch dein wolluftreiches Bild.

Und du, o Hain, o duftend Veilchenthal!
O holder Kranz von fernen blauen Hügeln!
O ftiller See! in dem ich taufendmal
Auroren fah ihr Rofenantlitz fpiegeln;
Bethaute Flur, die mich fo oft entzückt,
Wann wird von mir dein bunter Schmelz erblickt?

Sprich, Wiederhall, der, wann die Laute klang,
Vom Rasensitz' in dickbelaubten Linden,
Mit hellem Ton' in ihre Saiten sang,
Sprich, soll ich nie die Ruhe wieder finden?
Wie oft, wann ich vergnügt im Schatten lag,
Und: Doris! rief, riefst du mir: Doris! nach!

Itzt fliehet mich die vor empfundne Lust,
Ich kann nicht mehr dein süfs Geschwätze hören;
Du fülltest dort mit Anmuth Ohr und Brust,
Hier fliegt der Tod aus tausend ehrnen Röhren;
Dort bot die Flur, der Bach, mir Freude dar,
Hier wächst der Schmerz, hier fliefset die Gefahr.

Wie, wenn der Sturm aus Äols Höhle fährt,
Und heulend Staub in finstre Wirbel drehet,
Den Himmel schwärzt, dem Sonnenstrale wehrt,
Die grüne Flur mit Stein und Kies besäet:
So tobt der Feind, so wütend füllt sein Heer
Die Luft mit Dampf, die Felder mit Gewehr'.

Die Saaten sind zerwühlt, der Frucht-
baum weint,
Der Weinstock stirbt von mörderischen
Streichen,
Die schöne Braut sieht ihren jungen Freund,
Den Blumen gleich, durch kalten Stahl er-
bleichen;
Ein Thränenguſs, indem sie ihn umschlieſst,
Netzt ihr Gesicht, wie Thau von Rosen flieſst.

Dort flieht ein Kind. Sein Vater, der es
führt,
Fällt schnell dahin, durchlöchert vom Ge-
schütze;
Er nennt es noch, eh' er den Geist verliert;
Der Knabe wankt und stürzet ohne Stütze,
Wie Boreas, wenn er die Schwingen regt,
Gepfropftes Reis, das stablos, niederschlägt.

Die Felder hat ein Feuermeer erfüllt,
Das um sich reiſst, von keiner Macht ge-
hemmet,
Wie, wenn die See aus ihren Ufern schwillt,
Durch Dämme fährt, und Länder über-
schwemmet:
Die Thiere fliehn, das Feur ergreift den Wald,
Der Stämme hegt, wie seine Mutter, alt.

Was Kunst und Witz durch Müh' und
Schweiſs erbaut,
Korinth und Rom mit ſtolzer Pracht gezieret,
Der Städte Schmuck wird ſchnell entflammt
geſchaut;
Wie mancher Thurm, von Marmor aufgeführet,
Der ſtolz ſein Haupt hoch in die Wolken hebt,
Stürzt von der Glut! Des Bodens Veſte bebt.

Das blaſſe Volk, das löſchen will, erſtickt;
Die Gaſſen deckt ein Pflaſter ſchwarzer
Leichen;
Und dem es noch das Feur zu fliehen glückt,
Der kann dem Grimm' der Kugeln nicht ent-
weichen;
Statt Waſſer trinkt der Pallaſt Menſchenblut,
Das raucht und ziſcht auf Steinen voller Glut.

Wann Phöbus weicht, weicht doch die
Klarheit nicht;
Die Nacht wird Tag vom Leuchten wilder
Flammen,
Den Himmel färbt ein wallend Purpurlicht,
Von Dächern ſchmilzt ein Kupferfluſs zu-
ſammen,
Der Kugeln Saat pfeift, da die Flamme heult:
Mond und Geſtirn erſchrickt, erblaſst und eilt.

Wie, wenn ein Heer Kometen, aus der Kluft
Des Äthers, tief in's Chaos niederfiele:
So zieht die Last der Bomben durch die Luft,
Mit Feur beschweift. Vom reissenden Gewühle
Fliesst hier Gehirn, liegt dort ein Rumpf
   gestreckt,
Hier raucht Gedärm; so ist der Grund be-
   deckt.

Der Erde Bauch, mit Pulver angefüllt,
Wirft selber oft sein felsicht Eingeweide
Den Wolken zu: die ferne Klippe brüllt,
Des Himmels Veste bebt; Thal, Feld und
   Heide
Sind um und um mit Leichen überschneyt,
Als wenn Vesuv und Hekla Steine speyt.

So wütet Mars; und hört sein Wüten auf,
So drehn wir selbst das Schwerdt in unsre
   Leiber.
Ja, Gott des Streits! hemm' deiner Waf-
   fen Lauf!
Was braucht es Krieg? wir sind uns selber
   Räuber:
Uns schliesst der Stolz in güldne Ketten ein;
Der Geldgeiz schmelzt aus Schachten sei-
   ne Pein.

Den bringt ein Schurk um Ehre, Ruh'
    und Glück;
Den sucht ein Dieb, ein Richter, zu betrügen;
Hier wirkt das Gold ein heilig Bubenstück;
Dort rast ein Freund und tödtet dich mit
    Lügen.
Bist du geschickt, ein Kluger hilft dir nicht;
Du fragst warum? — Du trittst ihm vor das
    Licht.

Des Nächsten Glück, Erfahrung, Fröm-
    migkeit,
Und Wissenschaft und ächte Tugendproben
Sind Fehler, die kein kluger Mensch verzeiht:
Ein grosser Geist muſs niemals andre loben.
Wer küſst, und drückt, und lästert, hat
    Verstand;
Wer redlich spricht, gehöret auf das Land.

Wenn dich das Glück mit einem Stral' berührt,
O sieh, wie dann die Freunde zu dir schleichen!
Wenn sich sein Stral in trüben Dunst verliert:
O! wie dem Frost' alsdann die Schwalben
    weichen!
Ein dummer Schwarm! dem Helden nützt
    er nicht;
Doch füllet er die Bühn' und das Gesicht.

Und wer auch noch auf reine Sitten hält,
Wird doch zuletzt vom Haufen hingerissen,
Gleich einem, der in wilde Fluten fällt:
Er peitscht den Strom mit Händen und mit
   Füssen,
Er klimmt hinauf; doch endlich fehlt die Kraft,
Der Leib erstarrt, sinkt und wird fortgerafft.

Ja Welt! du bist des wahren Lebens Grab.
Oft reizet mich ein heisser Trieb zur Tugend:
Vor Wehmuth rollt ein Bach die Wang' herab:
Das Beyspiel siegt, und du, o Feur der Ju-
   gend!
Ihr trocknet bald die edlen Thränen ein. --
Ein wahrer Mensch muſs fern von Men-
   schen seyn.

Pflügt denn das Meer bis an der Mohren
   Strand!
Eilt, Thoren, eilt, fischt Perlen aus dem
   Grunde!
Es sey ein Brett des Grabes Scheidewand;
Beraubt den Berg, steigt tief in seine Wunde,
Sucht euren Schatz! sucht eure Sorg' und
   Noth!
Und, wann ihr könnt, bestecht damit den
   Tod!

Führt Schlöſſer auf, laſst eine Morgen-
welt
An jeder Wand mit Gold durchwirket ſehen;
Laſst Trinkgeſchirr', aus Indien beſtellt,
Und Diamant den Werth von euch erhöhen;
Schlieſst euer Grab mit Marmorſäulen ein:
Ihr ſehet Pracht; ich Leinwand, Erde,
Stein.

Vergieſst das Blut aus falſcher Tapferkeit,
Tobt kühn herum, wie wilde Hauer toben,
Damit ihr ſeyd, auch wann ihr nicht mehr
ſeyd,
Damit euch einſt die Todtenliſten loben!
Wird wohl der Geiſt durch Schilderey er-
getzt,
Wann unſer Aug' ein ſchwarzer Staar ver-
letzt?

Wie täuſcht der Schein! Ihr ſeyd Ver-
liebten gleich,
Die feuervoll den Gegenſtand nicht kennen.
Macht mich das Glück nicht groſs, berühmt
und reich;
Geringer Gram! ich will es Fürſten gönnen:
Ein ruhig Herz im Thal', wo Zephyr rauſcht,
Sey nie von mir für Flittergold vertauſcht.

Komm, zeige dich, du teppichgleiche Flur!
Du Bach, den Rohr, Gebüsch und Wald
umfangen:
Kein güldner Sand, dein Murmeln reizt
mich nur,
Und Zweige, die wie grüne Decken hangen;
Wenn ich im Geist' auf euch, ihr Berge! steh',
Ist mir die Welt so klein, — als ich sie seh'.

Wie der, der sich von seiner Schönen
trennt,
Untröstbar ist; die offnen Augen kleben
An allem starr, und sehen nichts; er rennt,
Er seufzet tief, er hafst der Städte Leben,
Sucht Kluft und Wald, klagt, ringt die
Hände, schreyt,
Liebt seinen Gram, und mehret gern sein
Leid:

So sehn' ich mich, o grüne Finsternifs
Im dichten Hain'! ihr Hecken und ihr Auen,
Nach eurem Reiz'! so klag' ich, ungewifs,
Euch einmal nur, geschweige stets, zu
schauen!
O! ruft mich bald! O Doris, drücke du
Mir dort dereinst die Augen weinend zu!

AN DORIS.

Im May 1744.

Itzt wärmt der Lenz die flockenfreye Luft,
Der Himmel kann im Bach' sich wieder spie-
    geln;
Den Schäfer labt bereits die Blumenduft,
Sein Wollenvieh springt auf begrasten Hügeln;
Der Wolken Nafs gerann jüngsthin zu Schnee;
Itzt strakt es hell auf Büschen und am Klee.

Es drängt der Halm sein Kronenhaupt
    hervor,
Und Zephyr schwimmt auf Saaten, als auf
    Wellen;
Die Wiese stickt ihr Kleid, das junge Rohr
Verbrämt den Rand der silberfarbnen Quellen;
Die Liebe sucht der Wälder grüne Nacht;
Und Luft und Meer und Erd' und Himmel
    lacht.

Dort liegt der Hirt beym nahen Wasserfall',
Vom sanften Arm' der Schäferinn umschlungen,
In süssem Schlaf': die holde Nachtigall
Hat dieses Paar liebreizend eingesungen:
Ach fühlt' ich doch, bey allgemeiner Lust,
Der Freude Reiz nur auch in dieser Brust!

Nein, nein, sie flieht! sie ist mir längst entflohn!
Kein Lenz vermag mein ewig Leid zu mindern;
Ich bin der Qual, ich bin des Unglücks Sohn;
Der Tod allein kann meinen Kummer lindern,
Weil Doris nun auf immer sich entfernt,
Durch die ich erst den Werth der Welt gelernt.

Als jüngst mein Blut aus tiefen Wunden drang,
Was hemmtest du den Strom der Lebensfluten,
Verhängnifs? mich zu martern lebenslang?
Musst' ich darum mich nicht zu Tode bluten,
Damit ich mich, von schmeichelhaftem Wahn'
Und Lieb' entfleischt, zu Tode weinen kann?

Untreues Glück, das nur die Thoren
  schätzt,
Ich suchte dich; du haft dich mir entzogen;
Die Liebe hat mir Flügel angesetzt;
Umsonst, du bist noch weiter mir entflogen,
Ich hol' auf deiner Flucht dich nimmer ein,
Und Doris wird die Meine nimmer seyn.

Zwar, Doris, du verdienst ein gröſser
  Glück:
Ich bin nicht gnug, die Tugend zu beloh-
  nen;
Dein holder Reiz, der Schöpfung Meister-
  stück,
Dein edler Geist beglückte Königskronen;
Und Tausende, geziert mit Stern und Band,
Erwählten dich, durch deinen Blick ent-
  brannt.

Doch dieses Volk, das Rang und Purpur
  schmückt,
Ist niedern Geists, ist leer an wahrer Liebe;
Ich habe nichts, das Aug' und Sinn entzückt,
Jedoch ein Herz voll edelmüth'ger Triebe,
Ein Herz, das nie der Unbestand verletzt,
Ein Herz, das dich mehr, als den Erdkreis,
  schätzt.

Verhängniß, sprich, ich soll ein Cäsar
  seyn,
Ja, ohne sie, auf beiden Welten thronen;
Den niedern Stolz mag dieses Glück er-
  freun,
Ich will vergnügt mit ihr in Hütten wohnen:
Die Liebe macht der Hütten Armuth reich,
Den Bach zu Wein, und harte Fluren
  weich.

Wie manchen Hof, wie manche Stadt voll
  Pracht
Hab' ich gesehn, seit ich dich, Doris,
  kenne!
Der Schönen Reiz, der andre untreu macht,
Macht, daß ich nur in dich noch mehr ent-
  brenne:
Er weicht, so bald ich dich mir vorgestellt;
Ich wählte dich allein aus einer Welt.

O goldne Zeit, da noch des Goldes Wust
Verachtet ward, was flohst du von der Erden?
Ich ruhete gewiß an Doris Brust,
  Könnt'st du durch Flehn zurückgerufen
  werden.
Ach komm zurück! doch gönne mir dabey,
Daß neben mir mein Gleim ein Schäfer sey.

Du hörst mich nicht, Verhängniſs! ja, ich soll,
Ich soll ein Ball des falschen Glückes bleiben:
So höre du, o Tod! nimm deinen Zoll!
Soll nur dein Pfeil die Glücklichen entleiben?
Hier ist die Brust, eröffne mir das Herz:
Ich halte Stand, ich fürchte nicht den Schmerz.

Dort, wo man durch die Luft dich in sich haucht,
Bey Gräbern, und in schreckenvollen Gründen,
Dort, wo der Feind das Schwerdt in Feinde taucht,
Dort will ich dich, im Fall' du säumest, finden:
Dann seufz', o Doris: Ich hab' ihn betrübt;
Er lebte noch, hätt' er mich nicht geliebt!

DIE UNZUFRIEDENHEIT DES MENSCHEN.

AN HERRN SULZER.

Ja, Freund! oft trinket der Mensch die Luft
　　in Strömen und dürstet:
Der Glücklichste stirbt unter Wünschen; ein
　　Tropfen Kummers verbittert
Ihm ganze Meere von Freude. Die Einbil-
　　dung spornt seine Triebe,
Wie Rosse reifsen sie aus, die Zwang und
　　Zügel verachten,
Und ziehn ihn mit sich zum Abgrund'. Sein
　　Stolz zielt immer gen Himmel.
Bald schilt er die Vorsicht, die ihn im Purpur
　　und Reichthum' verabsäumt;
Bald dünkt er sich selber zu schwach und tadelt
　　die Weisheit der Schöpfung:
Das Feuer haucht Plagen für ihn; ihm blüht
　　auf Auen das Unglück,
Und eilt mit Fluten heran; die Wind' um-
　　wehn ihn mit Schmerzen.
Wohin? verwägnes Geschöpfe! Denkst du,
　　wie Riesen der Fabel,

Auf Felsen Felsen zu häufen, und, durch
den Unsinn bewaffnet,
Den Sitz der Gottheit zu stürmen? Will ein
Gefäße von Leimen
Sich wider den Töpfer empören? Durch-
fleuch erst die blauen Gefilde,
Mit Sonnen und Erden durchsä't, den milch-
farbnen Gürtel des Himmels,
Die Luftsphär' jeglichen Sterns, betrachte
des Ganzen Verbindung,
Samt allen Federn der Räder und andrer
Planeten Naturen,
Die Arten ihrer Bewohner, ihr Thun und
Stufengefolge;
Ergründ' mit kühnem Gefieder des dunkeln
Geisterreichs Tiefe;
Sieh Wesen ohne Gestalten, merk' ihre Ab-
häng' und Kräfte;
Steig auf der Leiter der Dinge selbst bis zum
Throne der Gottheit;
Dann strafe, woferne du kannst, die Für-
sicht und Ordnung der Erde.
Willst du die Ursach' erforschen, warum, in
den Reihen der Wesen,
Gott nicht zum Seraph dich schuf? Entdeck'
erst, Stolzer! wefswegen
Er nicht zur Milbe dich schuf. Soll deiner
Thorheit zum Vortheil'

Die grofse Weltkette brechen, und taufend
 Planeten und Sonnen,
Aus ihren Gleifen gerückt, in Einen Klum-
 pen zerfallen?
Soll bis zum Throne des Höchften des Him-
 mels Vorhang zerreifsen?
Und endlich die ganze Natur, erfchüttert
 zum Innerften, feufzen?
Diefs willft du, wenn du verlangft, was mit
 der Weltordnung ftreitet.
Sey deiner Neigungen Herr, fo wirft du das
 Unglück beherrfchen;
Der Schöpfer ift Liebe und Huld, nur die
 find deine Tyrannen.
Was baut ihr Häufer auf Wellen, ihr Diebe
 der indifchen Berge,
Verdammt euch Jahre lang, nichts, als nafse
 Gräber, zu fehen,
Und in den Wolken den Tod? Du, Unter-
 fucher der Gründe,
Was blickft du hohnlächelnd abwärts, ge-
 bläht vom Dünkel des Wiffens,
Im Wahn', vom hohen Olymp' auf Raupen
 der Erde zu fchauen,
Dem dennoch Nebel und Dunft das Licht
 der Seele verdunkelt?
Und ihr, ihr Helden! was eilt ihr in's Un-
 gewitter des Treffens,

Wo Blitze Blitze bekämpfen, und Stürme
Stürme zerfchellen?
Um des Gerüchtes Pofaune mit euren Tha-
ten zu füllen?
Es lachen eurer die Wefen, die um euch
unfichtbar fchweben.
Du, Wahrheitfefsler! dünkft ihnen, das
was dir plaudernde Dolen,
Du, Held und Geizhals! was euch um Spreu
fich jagende Würmer.
Des Lebens Augenblick ift nicht werth der
Anfchläge Dauer,
So vieler Sorgen und Pein. Der, welchem
knieende Länder
Heut' Schlöffer und Feftungen öffnen, wohnt
morgen in Höhlen des Todes;
Die Hoffnung ift mit ihm verfcharrt, verftopft
der Zugang des Nachruhms.
Mich deucht, es öffnen fich mir der Unter-
welt fchattichte Thäler,
Ich feh' den griechifchen Held, vor deffen
Klange der Waffen
Der ganze Erdball erfchrack, der Seen mit
Menfchenblut färbte,
Und bis zum Ganges den Oft in eine Wüfte
verkehrte,
Wie ausgeriffene Meere Feld, Wald und
Städte verfchlingen;

Ich seh' ihn in bleichen Zypressen verlassen
und tiefsinnig irren,
Er ringt die Hände, und füllt mit diesen Kla-
gen die Lüfte:
„ Sonst meines Unsinns Vergnügen, itzt mir
erschreckliche Bilder,
„ Ihr Leichen voll Wunden und Blut, weicht,
weicht aus diesen Revieren!
„ Kehrt eure Blicke von mir, ihr halb geöff-
neten Augen!
„ Vergest das Stöhnen, ihr Gründe! Weh mir,
dafs jemals der Herrschsucht
„ Sirenenstimme mich täuschte! Du tolles
Labsal der Seelen,
„ Zu kurz für ewige Reu'! o Lob des sinnlo-
sen Pöbels,
„ Warum verachtet' ich dich, grofs in mir
selber, nicht ehe!
„ Entflogene Zeiten, kommt wieder, wie?
oder verlafst mich, ihr Leichen!
„ Kehrt eure Blicke von mir, ihr halb geöff-
neten Augen!"
Noch wären die Schätze der Welt samt aller
Hoheit und Wollust
Für unsere Seele zu klein, durchlebten wir
Alter der Sterne;
Der Himmel sättigt sie nur, von dessen Flam-
me sie lodert,

Und du, o göttliche Tugend! durch dich nur
können wir freudig
Das Meer des Lebens durchfchiffen. Lafst
diefen Pharus uns leuchten,
So fehn wir den Hafen des Glücks, trotz Un-
gewittern des Zufalls,
Trotz aller Leidenfchaft Sturm', der nur den
Einlauf befördert:
So wird die Vorficht uns weife, der Himmel
uns gnädig bedünken.

GEMÄLDE

einer grossen überschwemmung.

Schnell glitten Berge von Schnee die drohenden Klippen herunter,
Die Quellen empfiengen sie, blähten sich auf; die geborstenen Ströme,
Voll schwimmender Inseln, die sich mit hohlem Getöse zerschellten,
Durchrissen wühlend den Damm, verschlangen gefrässig ihr Ufer:
Thal, Wald und Wiese ward Meer. Kaum sahn die wankenden Wipfel
Zerstreuter Ulmen hervor. Gefleckte Täucher und Enten
Verschwanden, schossen herauf, und irreten unter den Zweigen,
Wo sonst vor Schmerzen der Lieb' im Laube die Nachtigall seufzte.
Der Hirsch, von Wellen verfolgt, strich über unwirthbare Felsen,
Die traurig die Flut übersahn. Ergriffne Bären durchstürzten
Das anfangs seichte Gewässer voll Wut: sie schüttelten brummend

Die giefsenden Zoten; bald fank der falfche
  Boden: fie fchwammen
Zum nahen Walde mit Schnauben, umklam-
  merten Tannen und Eichen,
Und huben fich träufelnd empor. Der Büfche
  verfammelte Sänger
Betrachteten traurig und ftumm, vom dürren
  Arme der Linde,
Das vormals glückliche Thal, allwo fie den
  flehenden Jungen
Im Dornftrauch' Speife vertheilt. Die früh'
  gereifete Lerche,
Sich aufwärts fchwingend, befchaute die
  Wafferwüfte von oben,
Und kehrete wieder zurük. Es floffen He-
  cken und Hütten,
Und Dächer und Scheuren umher. Aus Gie-
  beln und gleitenden Kähnen
Verfah der bekümmerte Hirt fich einer Sünd-
  flut, die vormals
Die Welt umrollte, dafs Gemfen in fchla-
  genden Wogen verfanken. - -

FRAGMENT EINES GEDICHTS

VON DEN

SCHMERZEN DER LIEBE.

- - - - - - - - - - - Des Frühlings verschwendete
    Gaben,
Die um uns düften und fliefsen, sind arm
    dem Kranken vor Liebe;
Aurora glühet ihm tödtlich, ihm dünkt die
    Sonne verfinstert;
Für ihn versendet sie nicht in ihren Stralen
    Vergnügen;
Ihm ist die Schöpfung erstorben. Im Schwarm'
    von jauchzenden Freunden
Ist er verlassen und einsam, hört nicht ihr
    wirbelnd Gelächter;
Hört über Felsen und Meer das liebliche
    Flüstern des Abgotts,
Der ihn bezaubert. Sein Geist irrt zwischen
    den Liljen des Busens,
Und klebt am Honig' der Lippen. Und täuscht
    ihm Argwohn der Untreu',
Gleich einem Irrlicht', den Sinn, wird ihm
    sein Schutzbild entrissen:

Dann hebt sein Leiden erst an, dann gleicht
 er vor Stürmen und Kälte
Entfärbten, welkenden Blumen; dann wan-
 delt ein Todter auf Erden.
Ihr bunten Wiesen voll Thau! ihr Gänge
 voll furchtsamer Espen!
Ihr Zephyr'! und die ihr vordem oft unter
 Schirmen von Laube.
Ihn kühltet auf blühendem Klee, ihr rau-
 chen Tannen! ihr Bäche,
Woran er oftmals entschlafen, gereizt vom
 heisern Gemurmel,
Gehabt in Zukunft euch wohl! forthin er-
 weckt ihr ihm Marter.
Nur dürre, sandigte Wüsten, des Ozeans
 stürmisch Gestade,
Zerstörte Schlösser, durchnagt vom Zahn'der
 Fäulnifs, verfinstert
Von traurig drohenden Ulmen, entlegner
 Kirchhöfe Schatten
Sind Paradiese für ihn, wo ihm sein Elend
 in Tropfen
Die bleichen Wangen herabfliefst, wo er
 den Tag durch herumirrt,
Und oft mit heulenden Winden aus Grüften
 und Felshöhlen winselt,
Und ächzt mit einsamen Kauzen. Und kömmt
 er abends zur Wohnung,

Nach langem Waten durch Sümpfe, betrogen vom hüpfenden Irrlicht',
So fchüttet er Unmuth und Zähren zum Überfliefsen in Briefe,
Und ftirbt in jeglicher Reih'; wie, oder die traurige Mufe
Seufzt durch ihn Todtengefänge. Sein Lager wird ihm zur Folter,
Er keucht bis zum hellen Morgen vom fchwéren Herzen Betrübnifs;
Der Kummer wälzt ihn umher und klopft in jeglichem Pulsfchlag'.
Befällt ihn endlich der Schlaf, fo lauern fcheusliche Bilder
Rings um die Ruhftatt auf ihn. Bald irrt er in finftern Gewölben
Voll Geifter und Todtengerippe; bald fchrecken ihn feurige Hydern.
Er will entrinnen, allein der Grund geht unter ihm rückwärts,
Und reifst ihn mit fich zurück. Izt wird ihm die Erde zum Weltmeer',
Die Fluten treiben ihn fort, er fieht den Rachen des Abgrunds,
Klimmt ängftlich an Waffergebirgen, und ftirbt in ihren Ruinen.
Itzt ruft aus einer Höhle, vor deren Tiefe ihm fchwindelt,

Der Liebe Vorwurf ihm zu: schnell läſst er
    sich schwebend herunter,
Und wann er, nach langem Sinken, ihn zu
    erreichen sich schmeichelt,
So sinket der Boden der Kluft samt seinem
    Götterbild' abwärts.
Vor Schrecken erwacht er darüber, fährt fort
    im Wachen zu träumen,
Von Angſt und Schwermuth gerüttelt, erstarrt
    von krampfigtem Fieber. - - -

DER FRÜHLING,
EIN GEDICHT.

DER FRÜHLING,

EIN GEDICHT.

Empfangt mich, heilige Schatten! ihr hohen belaubten Gewölbe
Der ernsten Betrachtung geweiht, empfangt mich, und haucht mir ein Lied ein
Zum Ruhm' der verjüngten Natur! — Und ihr, o lachende Wiesen,
Voll labyrinthischer Bäche! bethaute blumigte Thäler!
Mit eurem Wohlgeruch' will ich Zufriedenheit athmen. Euch will ich
Besteigen, ihr duftigen Hügel! und will in goldene Saiten
Die Freude singen, die rund um mich her aus der glücklichen Flur lacht:
Aurora soll meinen Gesang, es soll ihn Hesperus hören.

Auf rosenfarbnem Gewölk' mit jungen Blumen umgürtet,
Sank jüngst der Frühling vom Himmel. Da ward sein göttlicher Odem

Durch alle Naturen gefühlt: da rollte der
 Schnee von den Bergen,
Dem Ufer entſchwollen die Ströme, die
 Wolken zergiengen in Regen,
Die Wieſe ſchlug Wellen, der Landmann er-
 ſchrack.—Er hauchte noch einmal:
Da flohn die Nebel und gaben der Erde den
 lachenden Äther,
Der Boden trank wieder die Flut, die Strö-
 me wälzten ſich wieder
In ihren beſchilften Geſtaden. Zwar ſtreute
 der weichende Winter
Bey nächtlicher Wiederkehr oft von kräftig
 geſchüttelten Schwingen
Reif, Schneegeſtöber und Froſt, und rief
 den unbändigen Stürmen:
Die Stürme kamen mit donnernder Stimm'
 aus den Höhlen des Nordpols,
Verheereten heulende Wälder, durchwühl-
 ten die Meere von Grund auf.—
Er aber hauchte noch einmal den allbele-
 benden Odem:
Die Luft ward ſanfter; ein Teppich, mit
 wilder Kühnheit aus Stauden
Und Blumen und Saaten gewebt, bekleidete
 Thäler und Hügel.
Nun fielen Schatten vom Buchbaum' herab;
 harmoniſche Lieder

Erfüllten den dämmernden Hain. Die Sonne beschaute die Bäche;
Die Bäche führeten Funken; Gerüche flossen im Luftraum';
Und jeden schlafenden Nachhall erweckte die Flöte der Hirten.

Ihr, deren betrogene Seele, wie wolkichte Nächte des Winters,
Kein Stral der Freude besucht, verseufzet in Zweifel und Schwermuth
Die flüchtigen Tage nicht mehr. Es mag die sklavische Ruhmsucht,
Die glühende Rachgier, der Geiz, und die bleiche Mifsgunft sich härmen:
Ihr seyd zur Freude geschaffen; der Schmerz schimpft Tugend und Unschuld.
Trinkt Wolluft! für euch ist die Wolluft! sie wallt und tönet in Lüften,
Und grünt und rieselt im Thal'. — Und ihr, Freundinnen des Lenzen,
Ihr blühenden Schönen! o flieht den athemraubenden Aushauch
Von goldnen Kerkern der Städte! kommt! Echo lacht euch entgegen,
Und Zephyr erwartet sein Spiel mit euren geringelten Locken,

Indem ihr durch Thäler und Haine tanzt,
oder, gelagert am Bache,
Violen pflücket zum Strauſs' vorn an den
unſträflichen Buſen.

Hier, wo der gelehnete Fels, mit immer-
grünenden Tannen
Bewachſen, den bläulichen Strom zur Hälfte
mit Schatten bedecket,
Hier will ich in's Grüne mich ſetzen. — O!
welch ein Gelächter der Freude
Belebt rund um mich das Land! Friedfer-
tige Dörfer, und Heerden,
Und Hügel, und Wälder! wo ſoll mein ir-
rendes Auge ſich ausruhn?
Hier unter der grünenden Saat, die ſich in
ſchmälernden Beeten
Mit bunten Blumen durchwirkt, in weiter
Ferne verlieret?
Dort unter den Teichen, bekränzt mit Ro-
ſenhecken und Schleedorn? —
Auf einmal reiſset mein Auge der allgewalti-
ge Belt fort;
Ein blauer Abgrund voll tanzender Wel-
len. Die ſtralende Sonne
Wirft einen Himmel voll Sterne darauf. Die
Rieſen des Waſſers

Durchtaumeln, auf's neue belebt, die unabſehbare Fläche. —
Sieh, ländliche Muſe, den Anger voll finſterer Roſſe. Sie werfen
Den Nacken empor, und ſtampfen mit freudig wiehernder Stimme;
Der Fichtenwald wiehert zurück. Gefleckte Kühe durchwaten,
Geführt vom ernſten Stier', des Meyerhofs büſchigte Sümpfe.
Ein' Gang von Eſpen und Weiden führt zu ihm, und hinter ihm hebt ſich
Ein Rebengebirg' empor, mit Thyrſusſtäben bepflanzet:
Ein Theil iſt mit Schimmer umwebt, in Flohr der andre gehüllet;
Izt flieht die Wolke; der Schimmer eilt ſtaffelweis über den andern.
Die Lerche beſteiget die Luft, ſieht unter ſich ſelige Thäler,
Bleibt ſchweben und jubiliret. Der Klang des wirbelnden Liedes
Ergötzt den ackernden Landmann: er horcht gen Himmel; dann lehnt er
Sich über den wühlenden Pflug, wirft braune Wellen auf's Erdreich,
Verfolgt von Krähen und Elſtern. Der Sämann ſchreitet gemeſſen,

Giefst goldenen Regen ihm nach. — O streu-
 te der fleifsige Landwirth
Für sich den Samen doch aus! wenn ihn sein
 Weinstock doch tränkte!
Zu seinem Munde die Zweige mit saftigen
 Früchten sich beugten!
Allein, der gefräfsige Krieg, vom zähne-
 bleckenden Hunger
Und rasenden Horden begleitet, verheeret
 oft Arbeit und Hoffnung:
Gleich Hagel, vom Sturme geschleudert, zer-
 schlägt er die nährenden Halmen,
Reifst Stab und Rebe zu Boden, entzün-
 det Dörfer und Wälder
Zur Luft — Wo bin ich? Es blitzen die fer-
 nen Gebirge von Waffen,
Es wälzen sich Wolken voll Feuer aus of-
 fenen ehernen Rachen,
Und donnern und werfen mit Keilen um-
 her. Zerrissene Menschen
Erfüllen den schrecklichen Sand. Des Himmels allsehendes Auge
Verhüllt sich, die Grausamkeit scheuend, in
 blaue Finsternifs. — Siehe
Den blühenden Jüngling! er lehnt sein Haupt
 an seinen Gefährten,
Und hält das strömende Blut und seine flie-
 hende Seele

Noch auf, und hoffet, die Braut noch wieder zu fehen, und zitternd
Von ihren Lippen den Lohn der langen Treue zu erndten.
Ein Schwerdt zerfpaltet ihn itzt. — Sie wird in Thränen zerrinnen;
In ihr wird ein Lehrer der Nachwelt, ein heiliger Dichter, erblaffen.

Ihr, denen unfklavifche Völker das Heft, und die Schätze der Erde
Vertrauten, ach! tödtet ihr fie mit ihren eigenen Waffen?
Ihr Väter der Menfchen, begehrt ihr noch mehr glückfelige Kinder:
So kauft fie doch ohne das Blut der Erftgeborenen. — Hört mich,
Ihr Fürften, dafs Gott euch höre! Gebt feine Sichel dem Schnitter,
Dem Pflüger die Roffe zurück. Spannt eure Segel dem Oft' auf,
Und erndtet den Reichthum der Infeln im Meer'. Pflanzt menfchliche Gärten;
Setzt kluge Wächter hinein. Belohnt mit Anfehn und Ehre
Die, deren nächtliche Lampe den ganzen Erdball erleuchtet.

Forscht nach in den Hütten, ob nicht, entfernt
    von den Schwellen der Grossen,
Ein Weiser sich selber dort lebt, und schenkt
    ihn dem Volke zum Richter:
Er schlage das Laster im Pallast', und helfe
    der weinenden Unschuld.

Komm, Muse! lass uns im Thale die Woh-
    nung und häusliche Wirthschaft
Des Landmanns betrachten.—Hier steigt kein
    parischer Marmor in Säulen
Empor, und bückt sich in Kämpfern; hier
    folgt kein fernes Gewässer
Dem mächtigen Rufe der Kunst; ein Baum,
    worunter sein Ahnherr
Drey Alter durchlebte, beschattet ein Haus,
    von Reben umkrochen,
Durch Dornen und Hecken beschützt. Im
    Hofe dehnt sich ein Teich aus,
Worinn, mit Wolken umwälzt, ein zweyter
    Himmel mich aufnimmt,
Wann jener sich über mir ausspannt; ein un-
    ermesslicher Abgrund!
Die Henne jammert am Ufer mit strupfig-
    ten Federn, und locket
Die jüngst gebrüteten Entchen; sie fliehn
    der Pflegerinn Stimme,

Durchplätſchern die Flut, und ſchnattern
    im Schilf'. Langhälſigte Gänſe
Verjagen von ihrer Zucht mit hochgeſchwun-
    genen Flügeln
Den zottigten Hund; nun beginnen ihr Spiel
    die gelbhaarigten Kinder,
Verſtecken im Waſſer den Kopf, und han-
    gen mit rudernden Füſſen
Im Gleichgewichte. — Dort läuft ein klei-
    nes, geſchäftiges Mädchen,
Sein buntes Körbchen am Arm', verfolgt von
    weitſchreitenden Hünern.
Nun ſteht es, und täuſcht ſie leichtfertig mit
    eitelem Wurfe; begieſst ſie
Nun plötzlich mit Körnern, und ſieht ſie vom
    Rücken ſich eſſen und zanken.
Dort lauſcht in dunkeler Höhle das weiſse
    Kaninchen, und drehet
Die rothen Augen umher. Aus ſeinem Ge-
    zelte geht lachend
Das gelbe Täubchen, und kratzt mit röth-
    lichen Füſſen den Nacken,
Und rupft mit dem Schnabel die Bruſt, und
    untergräbet den Flügel,
Und eilt zum Liebling' auf's Dach. Der eifer-
    ſüchtige zürnet,
Und dreht ſich um ſich und ſchielt. Bald rührt
    ihn die ſchmeichelnde Schöne:

Dann tritt er näher und girrt. Viel Küsse
　　　werden verschwendet!
Izt schwingen sie lachend die Flügel und
　　　säuseln über den Garten.
Ich folge, wohin ihr mich führt, ihr zärt-
　　　lichen Tauben! ich folge.
Wie schimmert der blühende Garten! wie
　　　duften die Lauben! wie gaukelt
In Wolken von Blüthen der fröhliche Ze-
　　　phyr! Er führt sie gen Himmel,
Und regnet mit ihnen herab. Hier hat der
　　　verwegene Schiffer
Die wilden Gewächse der Mohren nicht hin-
　　　gepflanzt; seltene Disteln
Durchblicken die Fenster hier nicht. Das
　　　nützende Schöne vergnüget
Den Landmann, und etwann ein Kranz. Diefs
　　　lange Gewölbe von Nufsstrauch
Zeigt oben voll laufender Wolken den Him-
　　　mel, und hinten Gefilde
Voll Seen, und büschichter Thäler, umringt
　　　mit geschwollenen Bergen.
Mein Auge durchirret den Auftritt noch ein-
　　　mal, und muſs ihn verlaſſen;
Der nähere zieht mich an sich.—O Tulipane!
　　　wer hat dir
Mit allen Farben der Sonne den offenen
　　　Busen gefüllet?

Ich grüſste dich Fürſtinn der Blumen, wofern
nicht die göttliche Roſe
Die tauſendhlättrige ſchöne Geſtalt, die
Farbe der Liebe,
Den hohen bedorneten Thron, und den ewigen Wohlgeruch hätte.
Hier lacht ſie bereits durch die Knoſpe mich
an, die geprieſene Roſe.
Hier drängt die Mayenblume die Silberglöckchen durch Blätter;
Hier reicht mir die blaue Jazinthe den Kelch
voll kühler Gerüche;
Hier ſtrömt der hohen Viole balſamiſcher
Ausfluſs, hier ſtreut ſie
Die goldenen Stralen umher. Die Nachtviole
läſst immer
Die ſtolzeren Blumen den Duft verhauchen;
ſie ſchlieſset bedächtig
Ihn ein, und hoffet am Abend' den ganzen
Tag zu beſchämen;
Ein Bildniſs groſser Gemüther, die nicht, wie
die furchtſamen Helden,
Ein Kreis von Bewunderern ſpornt, die tugendhaft wegen der Tugend,
Im ſtillen Schatten verborgen, Gerüche der
Gütigkeit ausſtreun.
Seht hin, wie brüſtet der Pfau ſich dort am
funkelnden Beete!

Die braunen Aurikelgeschlechter, bestreut
mit glänzendem Staube,
Stehn gleich den dichten Gestirnen: aus Ei-
fersucht geht er darneben,
Und öffnet den grünlichen Kreis voll Regen-
bogen und wendet
Den farbewechselnden Hals. Die Schmetter-
linge, voll Wollust,
Und unentschlossen im Wählen, umflattern
die Blumen, und eilen
Auf bunten Flügeln zurück, und suchen wie-
der die Blüthe
Der Kirschenreiser, die jüngst der Herr des
Gartens durchsägten
Schleestämmen eingepfropft hatte, die itzt
sich über die Kinder,
Von ihnen gesäuget, verwundern. — Das
Bild der Anmuth, die Hausfrau,
In jener Laube voll Reben, pflanzt Stauden
und Blumen auf Leinwand.
Die Freude lächelt aus ihr. Ein Kind, der
Grazien Liebling',
Verhindert sie schmeichelnd, am Halse mit
zarten Armen ihr hangend;
Ein anderes tändelt im Klee, sinnt nach,
und stammelt Gedanken.

O dreymal seliges Volk, das keine Sorge
 beschweret,
Kein Neid versuchet, kein Stolz! Dein Leben
 fliesset verborgen,
Wie klare Bäche durch Blumen, dahin. Laß
 andre dem Pöbel,
Der Dächer und Bäume besteigt, in Sieges-
 wagen zur Schau seyn,
Gezogen von Elephanten; laß andre sich
 lebend in Marmor
Bewundern, oder in Erz, von knieenden
 Sklaven umgeben:
Nur der ist ein Liebling des Himmels, der,
 fern vom Getümmel der Thoren,
Am Bache schlummert, erwachet und singt.
 Ihm malet die Sonne
Den Ost mit Purpur, ihm haucht die Wiese,
 die Nachtigall singt ihm;
Ihm folget die Reue nicht nach, nicht durch
 die wallenden Saaten,
Nicht unter die Heerden im Thal', nicht an
 sein Traubengeländer!
Mit Arbeit würzt er die Kost, sein Blut ist
 leicht wie der Äther,
Sein Schlaf verfliegt mit der Dämmrung; ein
 Morgenlüftchen verweht ihn. —

Ach! wär' auch mir es vergönnt, in euch,
ihr holden Gefilde,
Geſtreckt in wankende Schatten, am Ufer
ſchwatzhafter Bäche,
Hinfort mir ſelber zu leben, und Leid und
niedrige Sorgen
Vorüberrauſchender Luft einſt zuzuſtreuen!
Ach möchte
Doch Doris die Thränen in euch, von dieſen
Wangen verwiſchen,
Und bald Geſpräche mit Freunden in euch
mein Leiden verſüſſen,
Bald redende Todte mich lehren, bald tiefe
Bäche der Weisheit
Des Geiſtes Wiſſensdurſt ſtillen! Dann gönnt'
ich Berge von Demant
Und goldene Klüfte dem Mogul; dann möch-
ten kriegriſche Zwerge
Felshohe Bilder ſich hauen, die ſteinerne
Ströme vergöſſen;
Ich würde ſie nimmer beneiden. Du Quelle
des Glückes, o Himmel,
Du Meer der Liebe! o tränkte mich doch
dein Ausfluſs! Soll gänzlich,
Wie eine Blume, mein Leben, erſtickt von
Unkraut, verblühen?
Nein, du beſeligſt dein Werk. Es liſpelt ru-
hige Hoffnung

Mir Troſt und Labſal zum Herzen: die Dämmerung flieht vor Auroren;
Die finſtre Decke der Zukunft wird aufgezogen; ich ſehe
Ganz andere Scenen der Dinge, und unbekannte Gefilde.
Ich ſeh' dich, himmliſche Doris! du kommſt aus Roſengebüſchen
In meine Schatten, voll Glanz und majeſtätiſchem Liebreiz';
So tritt die Tugend einher, ſo iſt die Anmuth geſtaltet.
Du ſingſt zur Zyther, und Phöbus bricht ſchnell durch dicke Gewölke,
Die Stürme ſchweigen, Olymp merkt auf; das Bildniſs der Lieder
Tönt ſanft in fernen Gebirgen, und Zephyr weht mir's herüber.
Und du, mein redlicher Gleim, du ſteigſt vom Gipfel des Hömus,
Und rührſt die Tejiſchen Saiten voll Luſt: die Thore des Himmels
Gehn auf, es laſſen ſich Cypris und Huldgöttinnen und Amor
Voll Glanz auf funkelnden Wolken in blauen Lüften hernieder,
Und ſingen lieblich darein. Der Sternen weites Gewölbe

Erschallt vom frohen Konzert'. Komm bald
  in meine Reviere,
Komm, bring' die Freude zu mir, beblüme
  Triften und Anger,
O Paar! du Trost meines Lebens, du milde
  Gabe der Gottheit!
Doch wie? erwach' ich vom Schlaf'? Wo sind
  die himmlischen Bilder?
Welch ein anmuthiger Traum betrog die wa-
  chenden Sinnen?
Er flieht von dannen, ich seufze: Zu viel,
  zu viel vom Verhängnifs'
Im Durchgang' des Lebens gefodert! Hier
  ist, statt Wirklichkeit, Hoffnung!
Des Wirklichen Schatten beglückt; selbst
  wird mich's nimmer erfreuen.
Allein, was quält mich die Zukunft? Weg,
  ihr vergeblichen Sorgen!
Lafst mich der Wollust geniefsen, die itzt
  der Himmel mir gönnet,
Lafst mich das fröhliche Landvolk in dicke
  Haine verfolgen,
Und mit der Nachtigall singen, und mich
  bey'm seufzenden Giefsbach'
An Zephyrs Tönen ergötzen. Ihr dichten
  Lauben, von Händen
Der Mutter der Dinge geflochten! ihr dun-
  keln einsamen Gänge,

Die ihr das Denken erhellt, Irrgärten, voller
  Entzückung
Und Freude, seyd mir gegrüfst! Was für ein
  angenehm Leiden
Und Ruh' und sanftes Gefühl durchdringet
  in euch die Seele!
Durch's hohe Laubdach der Schatten, das
  streichende Lüfte bewegen,
Worunter ein sichtbares Kühl in grünen
  Wogen sich wälzet,
Blickt hin und wieder die Sonne, und über-
  güldet die Blätter.
Die holde Dämmrung durchgleiten Gerüche
  von Blüthen der Hecken;
Die Flügel der Westwinde düften. In überir-
  discher Höhle,
Von kraufen Büschen gezeugt, sitzt zwischen
  Blumen der Geishirt,
Bläst auf der hellen Schallmey, hält ein, und
  höret die Lieder
Hier laut in Buchen ertönen, dort schwach,
  und endlich verloren;
Bläst, und hält wiederum ein. Tief unter ihm
  klettern die Ziegen
An jähen Wänden von Stein, und reifsen an
  bitterm Gesträuche.
Mit leichten Läuften streift itzt ein Heer
  gefleckter Hindinnen,

Und Hirfche mit Äften gekrönt, durch grüne,
        rauschende Stauden,
Sezt über Klüfte, Gewäffer und Rohr. Mo-
        räfte vermiffen
Die Spur der fliegenden Laft. Gereizt vom
        Frühling' zur Liebe,
Durchftreichen muthige Roffe den Wald mit
        flatternden Mähnen;
Der Boden zittert und tönt; es ftrotzen die
        Zweige der Adern;
Ihr Schweif empört fich verwildert; fie
        fchnauben Wolluft und Hitze,
Und brechen, vom Ufer fich ftürzend, die
        Flut der Ströme zur Kühlung;
Dann fliehen fie über das Thal auf hohe Fel-
        fen, und fchauen
Fern über den niedrigen Hain auf's Feld
        durch fegelnde Dünfte,
Und wiehern aus Wolken herab. Itzt eilen
        Stiere vorüber;
Aus ihren Nafen raucht Brunft; fie fpalten
        mit Hörnern das Erdreich,
Und toben im Nebel von Staub; verfchiedne
        taumeln in Höhlen,
Und brüllen dumpfigt heraus; verfchiedne
        ftürzen von Klippen. —
Aus ausgehöhltem Gebirge fällt dort mit wil-
        dem Getümmel

Ein Flufs in's büfchigte Thal, reifst mit fich
Stücke von Felfen,
Durchraufcht entblöffete Wurzeln der unter-
grabenen Bäume,
Die über fliefsende Hügel von Schaum fich
bücken und wanken;
Die grünen Grotten des Waldes ertönen und
klagen darüber,
Es ftutzt ob folchem Getöfe das Wild, und
eilet von dannen;
Sich nahende Vögel verlaffen, im Singen ge-
hindert, die Gegend,
Und fuchen ruhige Stellen, wo fie den Gat-
ten die Fühlung
Verliebter Schmerzen entdecken in pyramid-
nem Gefträuche,
Und ftreiten gegen einander mit Liedern, von
Zweigen der Buchen.
Dort will ich laufchen und fie fich freun
und liebkofen hören.
Fliefs fanft, unruhiges Flüfschen! ftill'! äch-
zende Zephyr' im Laube,
Schwächt nicht ihr buhlrifches Fliftern! Schlagt
laut, Bewohner der Wipfel,
Schlagt, lehrt mich euren Gefang! Sie fchla-
gen; fymphonifche Töne
Durchfliehn von Eichen und Dorn des weiten
Schattenfaals Kammern;

Die ganze Gegend wird Schall. Der Fink,
　　der röthliche Hänfling
Pfeift hell aus Wipfeln der Erlen. Ein Heer
　　von bunten Stieglitzen
Hüpft hin und wieder auf Strauch, beschaut
　　die blühende Distel;
Ihr Lied hüpft fröhlich wie sie. Der Zeisig
　　klaget der Schönen
Sein Leiden aus Zellen von Laub. Vom
　　Ulmbaum' flötet die Amsel
In hohlen Tönen den Bass. Nur die geflü-
　　gelte Stimme,
Die kleine Nachtigall, weicht aus Ruhm-
　　sucht in einsame Gründe,
Durch dicke Wipfel umwölbt, der Traurig-
　　keit ewige Wohnung,
(Worinn aus Lüften und Feld der Nacht
　　verbreitete Schatten
Sich scheinen verenget zu haben, als sie
　　Auroren entwichen,)
Und macht die schreckbare Wüste zum Lust-
　　gefilde des Waldes.
Dort tränkt ein finsterer Teich rings um sich
　　Weidengebüsche;
Auf Ästen wiegt sie sich da, lockt laut, und
　　schmettert und wirbelt,
Dass Grund und Einöde klingt: so rasen
　　Chöre von Saiten.

Itzt girrt sie sanfter, und läuft durch tausend zärtliche Töne;
Itzt schlägt sie wieder mit Macht. Oft wenn die Gattinn durch Vorwitz
Sich im belaubten Gebaur des grausamen Voglers gefangen,
Der fern im Lindenbusch' lauert, dann ruhn die Lieder voll Freude,
Dann fliegt sie ängstlich umher, ruft ihrer Wonne des Lebens
Durch Klüfte, Felsen und Wald, seufzt unaufhörlich und jammert,
Bis sie vor Wehmuth zuletzt halbtodt zur Hecken herabfällt,
Worauf sie gleitet und wankt mit niedersinkendem Haupte.
Da klaget um sie der Schatten der todten Gattinn, da dünkt ihr
Sie wund und blutig zu sehn. Bald tönt ihr Jammerlied wieder,
Sie setzt es Nächte lang fort, und scheint bey jeglichem Seufzer
Aus sich ihr Leben zu seufzen. Die nahen, strauchichten Hügel,
Hiedurch zum Mitleid bewogen, erheben ein zärtlich Gewinsel.

Allein, was kollert und girrt mir hier
zur Seite vom Eichstamm',
Der halb vermodert und zweiglos von kei-
nem Geflügel bewohnt wird?
Täuscht mich der Einbildung Spiel? Sieh!
plötzlich flattert ein Täubchen
Aus einem Astloch' empor mit wandelbarem
Gefieder:
Dieß zeugte den dumpfigten Schall im Bauch'
der Eichen. Es gleitet
Mit ausgespreiteten Flügeln in's Thal, sucht
nickend im Schatten,
Und schaut sich vorsichtig um, mit dürren
Reisern im Munde.
Wer lehrt die Bürger der Zweige voll Kunst
sich Nester zu wölben,
Und sie für Vorwitz und Raub, voll süssen
Kummers, zu sichern?
Welch ein verborgener Hauch füllt ihre
Herzen mit Liebe?
Durch dich ist alles, was gut ist, unendlich
wunderbar Wesen,
Beherrscher und Vater der Welt! Du bist so
herrlich im Vogel,
Der hier im Dornstrauch' hüpft, als in der
Veste des Himmels,
In einer kriechenden Raupe, wie in dem
flammenden Cherub.

See sonder Ufer und Grund! aus dir quillt
alles; du selber
Hast keinen Zufluss in dich. Die Feuermeere
der Sterne
Sind Wiederscheine von Pünktchen des Lichts,
in welchem du leuchtest. - - -
Du drohst den Stürmen, sie schweigen; berührst die Berge, sie rauchen;
Das Heulen aufrührischer Meere, die zwischen wässernen Felsen
Den Sand des Grundes entblössen, ist deiner
Herrlichkeit Loblied;
Der Donner, mit Flammen beflügelt, verkündigt mit brüllender Stimme
Die hohen Thaten von dir; vor Ehrfurcht
zittern die Haine,
Und wiederhallen dein Lob; in tausend
harmonischen Tönen,
Von dem Verstande gehört, verbreiten Heere
Gestirne
Die Grösse deiner Gewalt und Huld von
Pole zu Pole.
Doch wer berechnet die Menge von deinen
Wundern? wer schwingt sich
Durch deine Tiefen, o Schöpfer? Vertraut
euch den Flügeln der Winde,
Ruht auf den Pfeilen des Blitzes, durchstreicht den glänzenden Abgrund

Der Gottheit, ihr endlichen Geister, durch
 tausend Alter des Weltbaus:
Ihr werdet dennoch zuletzt kein Pünktchen
 näher dem Grunde,
Als bey dem Ausfluge seyn. Verstummt denn,
 bebende Saiten;
So preist ihr würd'ger den Herrn. - - -

Ein Flus von lieblichem Duft', den Zephyr
 mit säuselnden Schwingen
Von nahgelegener Wiese herbeyweht, nö-
 thigt mich zu ihr.
Da will ich an schwirrendem Rohr' in ihrem
 Blumenschoofs' ruhend,
Mit starken Zügen ihn einziehn. Kommt zu
 mir, Freunde der Weisheit,
Mein Spalding und Hirzel, durch die jüngst-
 hin der Winter mir grünte,
Von deren Lippen die Freude zu meinem
 Busen herabströmt,
Kommt, legt euch zu mir, und macht die Ge-
 gend zur himmlischen Wohnung!
Lasst uns der Kinder der Flora Gestalt und
 Liebe bewundern,
Und spotten, mit ihnen geschmückt, des trä-
 gen Pöbels im Purpur!
Besingt die Schönheit der Tugend; lasst eures
 Mundes Gespräche

Mir feyn, wie Düfte von Rofen. Hier ift der
      Grazien Luftplatz;
Kunftlofe Gärten durchirrt hier die Ruh'; hier
      riefelt Entzückung
Mit hellen Bächen heran. Den grünen Klee-
      boden fchmücken
Zerftreute Wälder von Blumen. Ein Meer
      von holden Gerüchen
Wallt unfichtbar über der Flur in groffen
      taumelnden Wogen,
Von lauen Winden durchwühlt. Es ift durch
      taufend Bewohner
Die bunte Gegend belebt. Hochbeinigt watet
      im Waffer
Dort zwifchen Kräutern der Storch, und
      blickt begierig nach Nahrung.
Dort gaukelt der Kibitz und fchreyt um's
      Haupt des müffigen Knaben,
Der feinem Nefte fich naht. Itzt trabt er
      vor ihm zum Ufer,
Als hätt' er das Fliegen vergeffen, reizt
      ihn durch Hinken zur Folge,
Und lockt ihn endlich in's Feld. Zerftreute
      Heere von Bienen
Durchfäufeln die Lüfte; fie fallen auf Klee
      und blühende Stauden,
Und hängen glänzend daran, wie Thau vom
      Mondfchein' vergüldet;

Dann eilen sie wieder zur Stadt, die ihnen
    im Winkel des Angers
Der Landmann aus Körben erbaut'. Ein Bild-
    niſs rechtschaffener Weisen,
Die sich der Heimath entziehn, der Menſch-
    heit Gefilde durchsuchen,
Und dann heimkehren zur Zelle mit ſüſſer
    Beute beladen,
Uns Honig der Weisheit zu liefern. Ein See
    voll fliehender Wellen
Rauscht in der Mitte der Au, draus steigt ein
    Eiland zur Höhe,
Mit Bäumen und Hecken gekrönt, das, wie
    vom Boden entriſſen,
Scheint gegen die Fluten zu schwimmen. In
    einer holden Verwirrung
Prangt drauf Hambuttengesträuch voll feu-
    riger Sternchen, der Quitzbaum,
Holunder, raucher Wachholder, und sich
    umarmende Palmen.
Das Geisblatt schmiegt sich an Zweige der
    wilden Rosengebüsche:
Aus Wollust küſſen einander die jungen
    Blüthen, und hauchen
Mit ſüſſem Athem sich an. Der blühende
    Hagdorn am Ufer
Bückt sich hinüber aus Stolz, und sieht ver-
    wundernd im Waſſer

Den weißen und röthlichen Schmuck. O
 Schauplatz, der du die Freude
In's Herzens Innerstes malst, ach! dafs die
 Wärme, die annoch,
Seitdem der Winter von uns entflohn, kein
 Regen gemildert,
Dich samt Gefilden und Gärten, die nach
 Erfrischung sich sehnen,
Doch nicht der Zierde beraubte, und seiner
 Hoffnung den Landmann!
Erquick' sie, gnädiger Himmel, und über-
 schütte von oben
Mit deiner Güte die Erde: — Er kömmt, er
 kömmt in den Wolken,
Der Segen! dort taumelt er her, und wird
 sich in Strömen ergiefsen.
Schon streicht der Westwind voran, schwärmt
 in den Blättern der Bäume
Und wirbelt die Saaten, wie Strudel. Die
 Sonn' eilt hinter den Vorhang
Von baumwollähnlichem Dunst'; es stirbt
 der Schimmer des Himmels
Gemach, und Schatten und Nacht läuft über
 Thäler und Hügel.
Gekräuselt durch silberne Zirkel, die, sich
 vergröfsernd, verschwinden,
Verräth die Fläche des Wassers den noch
 nicht sichtbaren Regen. —

Itzt fällt er häufiger nieder, sich wie Gewe-
  be durchkreuzend.
Kaum schützt des Erlenbaums Zelt mich vor
  den rauschenden Güssen.
Das Volk, das kürzlich aus Wolken die
  Gegend mit Liedern erfüllte,
Schweigt, und verbirgt sich in Büsche. Im Lin-
  denthal' drängt sich in Kreisen,
Vom Dach' der Zweige bedeckt, die Wol-
  lenheerde um Stämme.
Feld, Luft und Höhen sind öde; nur Schwal-
  ben schiessen in Schaaren
Im Regen, die Teiche beschauend. — Die
  Augenlieder, die itzo
Das Auge des Weltkreises decken, die Dünst'
  erheben sich plötzlich.
Nun funkelt die Bühne des Himmels, nun
  sieht man hangende Meere
In hellen Tropfen zerrinnen und aus den
  Lüften verschwinden.
Es lachen die Gründe voll Blumen, und al-
  les freut sich, ob flösse
Der Himmel selber zur Erde. Jedoch schon
  schiffen von neuem
Beladne Wolken vom Abend', und hemmen
  wieder das Licht;
Sie schütten Seen herab, und säugen die
  Felder wie Brüste. —

Auch die vergiefsen fich endlich. Ein güldner Regen von Stralen
Füllt itzo wieder die Luft; der grüne Hauptfchmfuck der Felfen,
Voll von den Saaten der Wolken, fpielt blendend gegen der Sonne.
Ein Regenbogen umgürtet den Himmel, und fieht fich im Meere;
Verjüngt, voll Schimmer und lächelnd, voll lichter Streifen und Kränze
Sehn die Gefilde mich an. Tauch' in die Farben Aurorens,
Mal' mir die Landfchaft, o du! aus deffen ewigen Liedern
Der Aare Ufer mir duften und vor dem Angeficht' prangen,
Der fich die Pfeiler des Himmels, die Alpen, die er befungen,
Zu Ehrenfäulen gemacht. — Wie blitzt die ftreifichte Wiefe
Von demantähnlichen Tropfen! Wie lieblich regnen fie feitwärts
Von farbigten Blumengebüfchen und blühenden Kronen der Sträuche!
Die Kräuter find wieder erfrifcht, und hauchen ftärkre Gerüche;
Der ganze Himmel ift Duft. Getränkte Halmen erheben

Froh ihre Häupter, und fcheinen die Huld
des Himmels zu preifen.

Grünt nun, ihr holden Gefilde! Ihr Wie-
fen und fchattichte Wälder,
Grünt! feyd die Freude des Volks; dient
meiner Unfchuld hinführo
ZumSchirm', wennBosheit undStolz ausSchlöf-
fern und Städten mich treiben.
Mir wehe Zephyr aus euch, durch Blumen
und Hecken, noch öfter
Ruh' und Erquickung in's Herz. Lafst mich
den Vater des Weltbau's,
(Der Segen über euch breitet im Stralen-
kreife der Sonne,
Im Thau' und Regen), noch ferner in eurer
Schönheit verehren,
Und melden, voll heiligen Grauens, fein
Lob antwortenden Sternen;
Und wenn, nach feinem Geheifs', mein Ziel
des Lebens herannaht,
Dann fey mir endlich in euch die letzte
Ruhe verftattet.

CISSIDES und PACHES,

in

DREY GESÄNGEN.

VORBERICHT.

Ich bilde mir nicht ein, durch dieſes Gedicht die Welt mit einem Heldengedichte zu bereichern. Meine Abſicht war, einen kleinen kriegeriſchen Roman aufzuſetzen; und nach dieſer Abſicht wird mich der Leſer beurtheilen. Den Abſchnitt des Verſes habe ich nicht immer an dieſelbe Stelle geſetzt, weil ich beſorgte, durch den beſtändigen Gleichlaut den Leſer zu ermüden.

CISSIDES und PACHES.

ERSTER GESANG.

Zwey Freunde fing' ich, die voll Edel-
muth
Sich gegen ein gewaltig Heer Athens
Mit kleiner Macht beherzt vertheidigten:
O Kriegesmuse, sey dem Vorsatz' hold!
Begeistre mich! auf dass der ehrne Klang
Der Waffen aus dem Liede wiederschall',
Und mein Gesang der That nicht unwerth sey.

Als Alexander starb, vor dessen Muth'
Der Orient gebebt, erkühnte sich
Athen, gereizt durch niedern Eigennutz,
Vom Macedon'schen Reich' Thessalien
Sich zu zu reissen, und versammelte
Gar bald ein zahlreich Heer. Leosthenes
War Führer. Wie ein Strom, im frühen Lenz'
Von Regengüssen und geschmolznem Schnee
Geschwollen, rauscht und aus den Ufern
dringt,

Die Flur zum Meere macht, die Wohnungen
Des Landmanns, Bäum' und Steine mit sich
rollt,
Daß Fels und Wald vom Aufruhr' wiedertönt:
So rauscht die wilde Schaar Athens daher,
Verheert und überschwemmt Thessalien.

Antipater *) zog aus mit seiner Macht
Aus Lamia **), dem stolzen Heer' die Stirn'
Auf freyer Flur zu bieten. Cissides,
Als Haupt von wenig Volke, blieb zurück
In einer kleinen Burg bey Lamia;
Nächst ihm sein Streitgefährte Paches, gleich
Mit ihm an Tugend, gleich an Tapferkeit.

„Ihr Macedonier!" sprach Cissides
Zu seiner Schaar, die von der Mauer schon
Den fernen Feind mit Blicken tödtete,
„Ihr Macedonier! nun zeigt, daß ihr
„Es würdig war't, von Alexandern einst
„Befehle zu empfahn. Sein Heldengeist
„Sieht vom Olymp' auf alles, was ihr thut.
„Den, der für's Vaterland den Tod nicht
scheut,

*) Alexanders General.
**) Die Hauptstadt in Thessalien.

„Erwartet dort fein Himmel, hier fein Ruhm;
„Und Schand' erwartet jeden feigen Mann.
„Die Menge nicht, nur Muth macht Hee-
  re ſtark,
„Und nur durch ihn bezwangt ihr ſonſt die
  Welt;
„Athen iſt nicht die Welt: es wird ſich bald,
„Bald neigen vor Antipatern und uns!
„Durch uns geſchwächt erliegt Leoſthenes,
„Ja, durch Verluſt von feinem halben Heer'
„Erkauf' er unſer Schloſs! Denkt, was ihr
  war't,
„Ihr Macedonier! und ſeyd es noch!
„Und fechtet noch auf Knieen, wenn ihr
  fallt!"
So ſprach er. Ein Gemurmel, wie zur Zeit
Des nahen Sturms im regen Meer' entſteht,
Durchlief die Schaar. Ein Krieger, der mit Blut
Den Ganges färben half, dem edler Stolz
Im offnen Angeſicht' voll Narben ſaſs,
Erhub die Stimm', und ſprach zum Ciſſides:
„Miſstrauen hat das Heer, das dir gehorcht,
„Noch nie verdient; doch deine Rede zeigt
„Miſstrauen an. O Feldherr, dieſer Geiſt
„Der Tapferkeit, der uns in Aſien
„Befeelet hat, beſeelt uns noch! Es denkt
„Der Krieger jede Nacht, ſo bald der Schlaf

,,Von feinem Lager flicht, an nichts, als Ruhm,
,,An nichts, als Ehrenwunden; jeder hat
,,Sein Leben gegen feines Landes Wohl
,,Und gegen feinen Ruhm verrechnet. Ha!
,,Wie horchen wir nicht auf, fobald ein Wort
,,Von Helden aus der Griechen Munde fällt:
,,Denn diefer Name, dünkt uns, zieme nur
,,Den Macedoniern. Mehr Zuverficht!
,,Mehr Zuverficht zu uns, o Ciffides!
,,Von Schande fprich uns nicht, von Feig-
heit nicht!
,,Bis auf den letzten Mann wird fich dein Volk
,,Vertheidigen; und hat die Schickung mich
,,Zum letzten auserfehn, fo fecht' ich noch,
,,Bis mit dem Blut' mein Leben von mir
fleufst."

Der Feldherr fprach: ,,Mifstrauen hat
mich nie,
,,Auch nicht ein Schatten gegen euren Muth,
,,Ihr Brüder, eingenommen; ich bin ftolz,
,,Dafs folch ein Heer mir anvertrauet ward.
,,Gefahr erhöhet unfern Muth, und Schmerz
,,Erhitzet unfre Rach', und unfer Tod
,,Verbürget uns Unfterblichkeit: denn bald
,,Wird unfrer Thaten letzte das Gerücht
,,Auf fchnellen Fittigen von einem Pol'

„Zum andern tragen; endlich wird
„Nach unserm Namen ein Gestirn benannt.
„Wo Tindars Söhne funkeln, oder dort,
„Wo Perseus und Orion leuchten, dort
„Wird Alexander, unser Gott, mit uns
„Vom Himmel auf die Menschenkinder sehn."

Wenn, vom Orkan' gepeitscht, des Meeres Flut
Sich mit den hangenden Gewölken mischt,
Und itzt zur Hölle niederstürzt, und itzt
Sich wieder in den Himmel thürmt, und heult
Und bellt und donnert; wenn alsdann Neptun
Den mächtigen Trident mit starkem Arm
Aus Wasserbergen hebt; wie dann der Sturm
In seine Höhle flieht, und Meer und Land
Und Himmel fröhlich lacht: so legte sich
Der kriegerische Zorn der kleinen Schaar;
Sobald der Feldherr sprach, und flöste Lust
Und Heiterkeit den Heldenseelen ein.

Indessen nahte sich der stolze Feind;
Und Mann und Roß trat aus dem Staub' hervor.
Ein unabsehlich Heer, von Spiessen starr.

Gleich einem Ährenfelde, halb bedeckt
Mit blanken Schilden, Köcher voller Tod
Auf seinen Schultern, zog mit gleichem
    Schritt',
In weiten Kreisen, rauschend um das Schloſs;
Und eine weiſse Stadt von Zelten ſtieg
Schnell aus der Erd' hervor, den Wellen
    gleich,
Die das von Winden aufgewühlte Meer,
In Schaum gekräuſelt, an's Geſtade wälzt.

Mit Pfeilen und Balliſten*) war der Feind
Nicht zu erreichen; Ciſſides befiehlt,
Bey Nacht ſich ihm zu nähern, und den
    Schlaf
In Tod ihm zu verwandeln. Und ſie ſank
Vom Himmel, dieſe Nacht. Und Paches nahm
Zweyhundert Krieger aus der dunkeln Burg,
Und überfiel in Eil' den müden Feind,
Den itzt ein Schlaf von Bley belaſtete.

Wie ein gewalt'ger Sturm den Hain er-
    greift,
Auf Eichen Eichen ſtürzt, und eine Bahn

---

*) Maſchinen, mit welchen man Steine warf. Sieh
Lipſii Poliorceticon lib. III. dial. 3.

Sich durch die Wohnung der Dryaden macht;
So machte Paches Schaar sich eine Bahn
Durch's Feindes Lager; tödtete zuerst
Die fest entschlafne Wacht, und eilte dann
Von Zelt zu Zelt, und stiefs das Schwerdt,
und stiefs
Den Speer den Röchelnden in Hals und Brust;
Bis, durch der Sterbenden Geschrey erweckt,
Ein jeder zu den Waffen taumelte.
Nun eilt' mit seinen Helden Paches hin,
Da wo er von der Warte seiner Burg
Die Wagen ausgespäht, die Klumpen Pech,
Und Fakeln und geballten Schwefel, Werch
Und Harz und alle Speise des Vulkans
Herbeygeführt, ergriff mit schneller Faust,
Und jeder mit ihm, eine Fakel, lief
Zum Wachtfeur und in jedes öde Zelt:
Die Flamme loderte durch alle Reihn.
In schrecklichem Tumult' rifs jeder itzt
Sein leichtes Haus zu Boden. Paches zog
Vergnügt und unverfolgt sich in die Burg,
Sah, selbst erstaunt, am Morgen, was sein
Schwerdt
Und die Gewalt des Feuers ausgeübt.

Leosthenes schnob Rache. Kaum erschien
Im Lager der Ballisten drohnde Last,

Und Katapulte*), Thürm' **) und was die
    Wut
Zum Untergang' der Menschen ausgedacht:
Als er dem Schlosse sich in Gräben ***), und
Verdecken ****) näherte. Nichts ward ver-
    säumt,
Was fähig war, es mit Gefahr und Tod
Zu füllen. Eisen fiel wie Regen d'rein;
Und ungeheure Felsen, vom Ballist
Geschleudert, sausten und durchkreuzten sich.
Und den sie trafen, den begruben sie.;
Und vom Geschrey' der Stürmenden erklang

*) Maschinen, mit denen man Eisenpfeile, Spiesse und dergleichen warf.

**) Bewegliche Thürme, welche die Alten oben mit Volk besetzten, und sie gegen die besetzten Thürme der Mauern gebrauchten. Sieh den Polybius.

***) Die Alten machten Laufgräben, die den unsrigen sehr ähnlich waren. Sieh St. Genie Art milit. pratique Tom. I. pag. 28.

****) Eine Art beweglicher Hütten, deren flache, aber starke, Dächer die Belagerer vor den Steinen sicherten, und bey den Römern Musculi, Crates, Vineae, etc. hiefsen. S. Lipsii Pliorc. lib. I. dial. 9.

Des Himmels Bühne weit, wie sie erklingt
Vom taufendstimmigen Sturmwinde; wie
Der Wald in Lybien ertönt, wenn Löw'
Und Leopard und Luchs und Tiger brüllt,
Auf ihrem Raube stehend. Cissides,
So ruhig, als ein Gott, und als ein Gott
So schrecklich, überschüttete den Feind
Mit siebenfachem Tod'. Ein Wolkenbruch
Von Steinen fiel auf dein erlesnes Heer,
Leosthenes! Der mächt'ge Katapult
Durchbohrte Brustwehr, Panzerrock und
    Mann
Mit langen Pfeilen, wie des Blitzes Stral,
Und Spiefsen. Eine Erndt' Erschlagener
Lag auf den Feldern ausgestreut. Umsonst,
Dafs Mauerbohrer sich, und Thürme sich
Der Veste näherten; dafs Widder sich
Der Mauer Grund zu stürzen rüsteten;
Umsonst, dafs sich von Schilden grimmige
Phalangen *) thürmten; da und dort ein
    Schwarm,

*) Φάλαγξ Συνασπισμός, oder wie es die Römer nennten, Testudo militaris. Geschlossene Kolonnen, legten ihre Schilde über die Häupter; andere Kolonnen stiegen auf dieses Dach von Schilden, und von da über die Mauer.

Durch Hebel hoch gehoben in die Luft,
Von drohenden Gerüsten *) Pfeile schofs:
Das Ungewitter, das vom Schlosse fiel,
Zerschlug und schleuderte zu Grund den Feind:
So schlug die wütenden Giganten Zevs,
Als sie, den Himmel zu bekriegen, Berg'
Auf Berg' gethürmt; sein Blitz warf sie herab;
Verbrannt und blutig lag die tolle Schaar.
Umher, und mafs der Berge Höh' verkehrt. —

Doch blieb auch mancher Held des Cissides:
Den tapfern Parmeo **) durchbohrt' ein Pfeil;
Auch dich, Simotes, überall bedeckt
Mit Narben, grofs in jeder Kriegeskunst.
Dem unbezwungnen Zelon, der allein
Ein Heer an Muth und Geiste war, zerschlug
Ein Felsstück beide Bein'. Er lebte lang'
Ein graufam Leben, und verbifs den Schmerz
Voll Grofsmuth. Endlich fand sein Bruder ihn
Im Kampf' mit Schmerz und Tod, und schlug,
     erblafst,
Die Hände über sich zusammen. Selbst
Dem Tode vor Entsetzen nah', verband

---

*) Dergleichen die Tollenones der Römer waren.
**) Die hier genannten Macedonier waren alte Of-
fiziere des Alexanders.

Er ihn. — „Genug, o Bruder! endige
„Mein bittres Leben nur! o du, um den
„Es mir allein gefiel" sprach Zelon. „Nimm
„Mein unnütz Gold mir ab, das du, und nicht
„Der Feind verdient." — Allein der Bruder
        weint',
Und gieng davon. „Verlässest du mich auch?"
Rief Zelon: „gönnst du mir langsamen Tod?
„Sonst treuster Freund, gönnst du mir, dass
        ich noch
„Den Schmerzen und der Schwachheit un-
        terlieg',
„Und winsel' und nicht sterbe, wie ein Held?
„Grausamer, geh! und rühme dich nur nie,
„Dass du mein Bruder warst." — Der Bru-
        der kehrt
Zurück, und fällt auf den Verwundeten,
Und lieget lang' auf seinen Lippen starr,
Indess mit Höllenschmerzen Zelon ringt.
D'rauf setzt er seinen Bogen auf die Brust
Des Flehenden, mit weggewandtem Blick':
Mitleidig fährt der Pfeil ihm durch das Herz,
Und endigt seine Qual. Laut jammernd floh
Der edle Mörder, der freundschaftliche:
Zur Mauer hin, den Tod für's Vaterland,
Dem Bruder gleich, zu sterben, aber liess,
  Zu gross zum Eigennutz', der Leich' ihr Gold.

ZWEYTER GESANG.

Leosthenes sah, daſs die Burg mit Sturm
Schwer zu erobern war; er gab demnach
Befehl, sie in den Brand zu stecken. Schnell
Warf der Ballist, statt Steinen, eine Saat
Von Klumpen griech'schen Feuers *) — Wie,
   wenn Vesuv
Sein brennend Eingeweid' hoch durch die Luft
Umher speyt, mit erschrecklichem Geräusch'
Der Feuerregen in ein Feuermeer
Im Thal' zusammenfliesst, und weit das Feld
Mit laufenden und rothen Wellen deckt,
Daſs sich das Waſſer in den Seen scheut,
Und von dem Lande flieht, daſs Fels und Meer
Erschrickt und jammert: so floſs in der Burg
Der Feuerregen in ein Feuermeer
Zusammen; Tod und Schrecken schwamm
   darauf.

---

*) Le feu grégeois, ce feu inextinguible, dont le secret s'est perdu depuis bien des siecles, étoit composé de soufre, de bitume, de gomme, de poix et de résine, qui brûloit jusques dans l'eau. On le nomme grégeois du nom des Grecs, qui s'en sont servis les premiers. Ray de St. Genie, Art de la guerre pratique. T. I. p. 97.

Bald donnert' in des Schloſſes Innerem
Die Flamme, wie im Bauch' der Höll', und
fuhr
Zu allen Fenſtern und zum Dach' heraus
In Strudeln: und der ganze Bau ward Glut,
Fiel in einander, wie ein Fels, vom Blitz'
Geſpalten, fällt. Die Erde zitterte;
Des Himmels weiter Raum erſcholl umher;
Zu löſchen war umſonſt. Auch drang der
Feind
Stets wütender heran, und dacht' einmal
Den macedon'ſchen Muth zu ſchwächen. —
Doch,
Er ſchwächt' ihn nicht, und Ciſſides blieb ſtets
Derſelbe; Paches auch: ſie breiteten
Nacht über's Volk Athens, mit Pfeilen, aus,
Ermunterten ihr Heer, und wo Gefahr
Groſs war, da waren ſie; begegneten
Sie ſich, ſo ſahen ſie vergnügt ſich an;
Schwieg gleich der Mund, ſo ſprach ihr
Auge viel,
Und ſagt': Unſterblichkeit iſt unſer Theil! —
Doch auch die Freundſchaft ſah zum Blick'
heraus,
Und es blieb ungewiſs, ob Heldenmuth
Die Freunde mehr beherrſcht', als Zärtlichkeit.
Sie drückten ſich die Händ', und eilten dann,

Wohin fie Ehre trieb, und wo der Tod
In Feur und Stein und Pfeilen fausete. —
Gleich unerschrocken blieb ihr kleines Heer:
Sah jemand seinen Freund getödtet; floss
Vom trüben Aug' ihm eine Thränenflut,
Doch schickt er Pfeil' auf Pfeil' dem Feinde zu.—

Zulezt befiel den von dem Streit', vom Brand',
Und Noth an Ruh' erhitzten Cissides
Ein heft'ger Durst. Er kämpfte lange schon
Mit Angst und Ohnmacht, weil Getränk
      gebrach
(Des Schlosses Brunnen war verschüttet von
Ruinen.) — Ach! ich sterbe! sagt' er schwach
Zum Paches; schon seh' ich den Himmel schwarz;
Durst ist mein Tod, und nicht Leosthenes. —
Sein Freund erblasste mehr, vor Angst, als er,
Und eilte fort, und schöpft' in seinen Helm,
Von eben nur Erschlagnen, Blut, und bracht's
Dem Cissides, und sagte: Trink! Er trank,
Und seufzte schaudernd: Ach! ihr Götter! ach!
Wozu bringt ihr die schwachen Sterblichen! —
Allein er ward erquickt, und Heiterkeit
Kam ihm in's Antlitz. Nach dem Thau' der Nacht
Erheben Blumen so, die schon die Au
Besäen wollten mit der Blätter Schmuck',
Gedrückt vom Sonnenstral' des vor'gen Tags,

Voll Pracht ihr hangend Haupt, und glänzen, wie
Der helle Morgenstern, der auf sie sieht. —
Er ward erquickt, der tapfre Cissides,
Und eilte zu der Maur, wo alles noch
Mit Löwenmuthe stritt, obgleich die Zahl
Der Todten seines Volks schon grösser war,
Als der noch Lebenden. Er kam nicht hin!
Ein Pfeil flog über die zerfallne Burg,
Und fuhr dem Helden — Ach! erschreckliche
Erinnrung! Müssen auch des Todes Raub
Diejen'gen seyn, die, zu der Erde Glück',
Zu leben ewiglich verdieneten! —
Fuhr in den Rücken ihm und durch die Brust.
Er fiel auf's Angesicht. Gefühllos lag
Er lange so, — erholte sich dennoch,
Und wollte sich erheben, aber Kraft
Gebrach ihm. — Paches kam, und fand den
               Freund
Im Blute schwimmend. Ach, wer kann den
               Schmerz
Des Redlichen beschreiben! Ohne sich
Zu regen, stand er. — So erstarrt die Flut
Im Winter, wenn der rauhe Nordwind stürmt;
Sein Athem rührt sie an, und sie ist Stein.
Ach, sagte Cissides, zieh doch den Pfeil
Mir aus dem Rücken, Freund, und kehr'
               mich um!

Der Tod für's Vaterland wird mir nicht schwer;
Die Art des Todes nur wird mir;s: wer so
Mich findet, kann vermuthen, als hätt' ich
Die Brust dem Feinde nicht gezeigt. Laſs nicht
Mit Schande mich mein Leben endigen,
Da stets mein Wunsch nur Ehr' und Tugend war!
Und Paches zog den Pfeil*) zur Wund' heraus
(Blut stürzt' dem Eisen nach, wie Waſſer aus
der Quell'), umarmet' und erhub den Freund,
Mit Thränen in dem Aug', und kehrt' ihn um.
Hab' Dank! -- Leb' ewig wohl! -- sprach Ciſſides,
Freund! — und verschied. Von tausend Ster-
     benden
Die Qual zusammen ist kein Theil der Qual,
Die Paches fühlt': er glaubt' nur halb zu seyn,
Wehklagte laut und irrte wild umher,
Wie eine Löwinn in der Wüste, wenn
Man ihr die Jungen raubt. Das Heer erschrack,
Und klagte mit. Der Feind erfuhr den Schmerz
Deſſelben durch Balliſt und Katapult.
Von Neuerschlagnen raucht' umher das Feld;
Blut und Gehirn und Leichen deckten es.

---

*) Die Alten hatten vielerley Pfeile, und einige
davon waren mit keinem Wiederhaken versehen. Die
es nicht waren, konnten also leicht aus einer Wunde heraus gezogen werden. S. den Lipſius.

DRITTER GESANG.

Nachdem der Feind den Ciffides nicht mehr
Erblickte, der durch einen Federbufch
Am Helm' erkenntlich war, vermuthet' er
Den Tod deffelben, und dacht' im Triumph'
Bald in das Schlofs zu fteigen, wenn er's itzt
Aufbieten liefs'; ein Herold ward dazu
Befehliget; fein Rofs war ftolz, wie er;
Es fchien, die Erde zu verachten: kaum
Berührt' es fie mit leichten Füffen, fchnob
Und wieherte zu der Trompete Klang',
Und foderte zum Kampf' heraus, wie er.

„Euch wenigen," fagt' er, indem er fich
Der Mauer naht', „euch wenigen, die noch
„Die Macht der Waffen des Leofthenes
„Bisher verfchonet hat, euch bietet er
„Das Leben an, und feine Gnad', im Fall'
„Ihr euch an ihn ergebt. Verwegenheit
„Ift eur vermeynter Muth. — Seht um euch!
   feht,
„Was für ein zahlreich Volk euch noch um-
   fchliefst!
„Seht, feine Spiefs' erheben fich umher,
„Wie Ähren auf dem Feld'! und Tapferkeit

„Wird in den Bufen fie euch tauchen, wenn
„Ihr länger kämpft. Laſst eure Wut einmal
„Gehorchen der Vernunft, und übergebt
„Die Maur der öden Burg dem Heere, das
„Voll Langmuth euch bewundert und nicht
scheut;
„Wählt feine Huld, wo nicht, fo wählt den
Tod!"

„Wir haben längft gewählt, fprach Paches
(Ernft
Und Majeftät fahn aus dem Angeficht'
Des Helden), „Tod ift unfer Wunfch und
Glück,
„Wenn wir dadurch des Vaterlandes Wohl
„Erkaufen können; und wir werden es
„Gewifs dadurch erkaufen! Schande trifft
„Den niedern Stolz und Geiz Athens gewifs!
„Warum bekrieget ihr uns ehmals nicht,
„Als Alexander uns beherrfchte? glaubt
„Ihr, unfer Muth fey mit ihm eingefcharrt?
„Und wenn ihr diefes glaubt; ift's edel, dafs
„Ihr Schwachheit überfallt? -- Allein umfonft!
„Noch lebt des Helden Geift in feinem Heer',
„Und eure Scheitel wird es fühlen. — Auch
„Raubt' uns der Tod des Ciffides nicht Muth;
„Mit ihm liegt unfre Luft, nicht Tapferkeit.

,,Nicht euch, nicht Tod, nur Schande fürch-
	ten wir."

Der Herold brachte dem Leofthenes
Die Antwort kaum, als alles um die Burg
Zum Angriff fich bereitete. Wenn Sturm
Aus Äols Höhle fällt, wie Waffer aus
Der Schleuf' und drückt den Wald; dann
	neigen fich
Die ftarken Wipfel zu der Erd herab;
Tumult herrfcht überall, und jeder Zweig
Vermehret das Geräufch; der Klüfte Schlund
Brüllt dumpfigt; tauber Lärm erfüllet weit
Des Himmels Raum, d'rinn Wolke Wolke jagt:
So auch erwacht' im ganzen Heer' Athens
Schnell Aufruhr: Thurm, Ballift und Katapult
Und Hebel, Bohr und alles regte fich,
Und nahte fich dem Schlofs', in wildem Lärm'.

Zwar Paches liefs an tapfrer Gegenwehr
Nichts mangeln: Pfeil' und Steine fchlugen den
Erhitzten Feind, wie Schloffen fchwaches
	Korn,
Darnieder. Tiger find fo wütend nicht,
Wenn man zum Zorn' fie reizet, wie fein Heer
Itzt war. Doch die Befatzung war zu fchwach,
Und allgemein der Sturm. Mifslung es hier

Dem Feinde, so erstieg er dort die Mau'r.
Das Schloß ward überschwemmt, und ward
ein Raub
Des Todes: so verschlingt die Flut des Meers
Das Ufer nach der Ebb', und was sich ihm
Genaht: wo Blumen itzt stolzirten, tobt
In Wasserwogen das Verderben itzt. —

Auch Paches ward des Todes Raub, wie sein
Furchtloses Heer. Leosthenes fand ihn
Durchbohrt und hingestreckt, und kannt' ihn an
Der Rüstung; lange sah mitleidig er,
Nebst seinem Volk', das auf die Spieße sich
Umher gelehnt, den todten Helden an,
Und eine Thräne floß ihm von dem Aug':
Er sah noch Edelmuth in Zügen des
Erblaßten Angesichts. — D'rauf wünscht' er,
auch
Den Cissides zu sehn, doch lang' umsonst.
Zuletzt erblickt' er einen Teppich auf
Der Erd', erhub ihn und erschrack, als sich
Ein Macedonier aufrichtete,
Der mit dem Cissides darunter lag.
„Was liegst du bey dem Todten? frug man
ihn.
„Er war mein Herr, erwiedert' er; doch mehr
„Mein Vater. Ich war, als er lebt', ihm treu;

,,Sollt' ich vergeſſen, es anitzt zu ſeyn?
,,Ihr habt ihn mir geraubt; raubt mir nur auch
,,Das Leben, meine Laſt!" — Ein Thrä-
    nenguſs
Netzt' ihm das Angeſicht. Leoſthenes
Raubt' ihm das Leben nicht, dem redlichen
Schildträger, ſondern pries die ſeltne Treu',
Und tröſtete den immer jammernden,
Und ſchenkt' ihm viel; betrachtete nachher,
Samt dem gerührten Volk', den Ciſſides,
Und glaubte, die entwichne Seele noch
In groſsen Zügen des Geſichts zu ſehn;
Beweint' ihn, lieſs die Aſche beider Freund'
In einer Urn' bewahren, ihnen auch
Ein prächtig Denkmal baun, und zog ſich d'rauf
Schnell nach Athen zurück: ſein Heer war ſo
Geſchwächt, daſs er vergaſs, in einer Schlacht
Antipatern zu überwältigen.

   Und ſo ward, durch der beiden Freunde Muth,
Des Vaterlands Verderben abgewandt.

Ihr Krieger! die ihr meiner Helden Grab
In fpäter Zeit noch feht, ftreut Rofen d'rauf,
Und pflanzt von Lorbeern einen Wald umher!
Der Tod für's Vaterland ift ewiger
Verehrung werth. — Wie gern fterb' ich ihn
        auch,
Den edlen Tod, wenn mein Verhängnifs ruft!
Ich, der ich diefes fang im Lärm' des Kriegs,
Als Räuber aller Welt mein Vaterland
Mit Feur und Schwerdt in eine Wüfteney
Verwandelten; als Friedrich felbft die Fahn'
Mit tapfrer Hand ergriff, und Blitz und Tod,
Mit ihr, in Feinde trug, und achtete
Der theuren Tage nicht für Volk und Land,
Das in der finftern Nacht des Elends feufzt.—
Doch es verzagt nicht d'rinn, das treue Land:
Sein Friedrich lächelt, und der Tag bricht an.
Der Tag bricht an! Schon zöge Schwab' und
        Rufs,
Lappländer und Franzos, Illyrier
Und Pfälzer, in poffirlichem Gemifch',
Den Helden im Triumph', verftattet' es
Deffelben Grofsmuth. Schon fliegt Himmelan
Die Ehr' in blitzendem Gewand' und nennt
Ein Sternenbild nach feinem Namen! Ruh'
Und Überflufs beglücken bald fein Reich!

SENEKA.
EIN
TRAUERSPIEL.

VORBERICHT.

Ich habe diefe erften Züge eines Trauerfpiels in der Abficht entworfen, um nach denfelben ein Trauerfpiel in Verfen auszuarbeiten. Weil ich aber an meinem Vorfatz' gehindert werde, und meine Freunde mir fagen, dafs auch die Anlage nicht mifsfalle, fo habe ich fie dem Druck' übergeben wollen.

PERSONEN.

SENEKA, ehemaliger Rath des Kaisers Nero.

POMPEJA, des Seneka Gemahlinn.

POLYBIUS, ein Freund des Seneka und Vertrauter der Agrippina, der Mutter des Nero.

PISO, ein Freund des Seneka.

FENIUS, ein Freund des Seneka.

EIN HAUPTMANN des Heerführers Fabius.

DIE WACHE.

EIN BOTE.

Die Scene ist auf dem Landgute des Seneka.

SENEKA.

ERSTER AUFZUG.

ERSTER AUFTRITT.
SENEKA und POMPEJA.

SENEKA.

Ja Pompeja! ich habe den betrüglichen Reichthümern und den gefährlichen Ehrenstellen mit mehr Freude entsagt, als sie übernommen. Mein künftiges Glück war ungewiß, als ich sie übernahm, und es ist gewiß, da ich mich ihrer entschüttet habe. Nun wollen wir uns selber leben, und den niedern Stolz und Unsinn des Hofes nicht mehr unsers Andenkens würdigen.

POMPEJA.

Ich hoffe, daß wir glücklich seyn werden, Seneka! und die bisherigen Wiederwärtigkeiten werden uns dienen, unser jetziges Glück zu fühlen. Entschlage dich nur alles Kummers, der dich noch zuweilen

quält! Dein Gemüth sey so ruhig, wie die
Natur, die nun ihre Schätze um uns verbreitet, da es, wie sie, unschuldig ist,

SENEKA.

Es geht mir zu Zeiten wie denen, die, nach überstandenen schweren Ungewittern auf dem Meere, das Ufer betreten: der feste Boden scheinet ihnen zu wanken; das Bild der tobenden Wellen ist ihnen noch immer gegenwärtig, und sie fürchten sich auf dem Lande, von ihnen verschlungen zu werden. Allein bald wird mir der Boden nicht mehr wanken: die Zeit wird die traurigen Bilder in mir verlöschen. Auch das Angedenken der Knechtschaft Roms, das mich oft unaussprechlich martert, wird endlich in mir verlöschen, da ich sie, auch durch Vergiefsung meines Bluts, nicht hätte hindern können.

POMPEJA.

Freylich hätteft du sie nicht hindern können. Dein Tod, der gewiss erfolgt wäre, wenn du Rom nicht verlassen hätteft — denn du hast dem Kaiser nur zu kühn seine Laster und Grausamkeiten vorgeworfen — dein Tod würde nur das Unglück deines Vaterlandes, und nicht sein Glück befördert haben. Der Blutdurft des Tyrannen würde durch die Gewohnheit noch immer heftiger geworden feyn; und was wäre ihm noch heilig geblieben, nachdem er deiner nicht gefchonet? Sey alfo vergnügt, Seneka! das Ungewitter, das über unferm Haupte fchwebte, hat fich verzogen. Die Vorfehung hat dich der Welt gefchenkt, und hat dich mir gefchenkt; denn ach! was wäre ich ohne dich? Vergifs, was nicht in deiner Gewalt ift, und überlafs die Strafe des Wütrichs und die Errettung deines Vaterlandes dem Wefen, das über alles wacht, das, wie du mich oft gelehret haft, alles zur Glückfeligkeit der Welt lenkt, und die Thränen des Tugendhaften und des Weifen an feinen Feinden rächet.

SENEKA.

Es wird fie rächen, das gütige, das gerechte Wefen, es wird alles zur Glückfeligkeit der Welt lenken! Allein wie kannft du mir vorwerfen, dafs ich dem Nero feine Graufamkeiten zu kühn verwiefen? Kann man gegen einen Böfewicht zu kühn feyn? Und hätte ich mich nicht durch Stillfchweigen feiner Frevelthaten theilhaftig gemacht? Wer Laſtern wehren kann, und wehret ihnen nicht, der verübt ſie ſelber.

POMPEJA.

Es iſt deiner Denkungsart und deines Herzens würdig, daſs du dich des Wütrichs Bosheiten widerſezt. Hätteſt du aber nicht vielleicht durch Sanftmuth, und anhaltendes Bitten, und Vorſtellungen, mehr ausgerichtet, als durch Heftigkeit? Doch Polybius kömmt, er—

ZWEYTER AUFTRITT.

POLYBIUS UND DIE VORIGEN.

POLYBIUS.

Und du haſt dein Vaterland verlaſſen, Seneka, und haſt nicht erwogen, daſs du es verwaiſet hinterlieſseſt? Seit deiner Entfernung iſt Rom ein groſses Gefangenhaus, das von den Klagen der Elenden und Unterdrückten wiederhallet. Welch ein Jammer, die Tugend ewig mit erblaſstem Angeſichte, und in Zähren zerfloſſen, zu ſehen! Kein Rechtſchaffner öffnet die Augen mehr der Freude; ein jeder glaubt, daſs ihm ein entblöſstes Schwerdt über der

Scheitel hange, und der immer erneuerte
Gram verfinftert ihm die Ausficht in fro-
here Tage. Geftern—ach! dafs der fchwar-
ze Tag ewig aus dem Angedenken der Menfchen könnte verlofchen werden!—geftern
hat des Nero grofse und tugendhafte Gemahlinn, auf das Geheifs des Barbaren, den
Giftbecher—

PONPEJA.

Wie? Oktavia ift durch Gift hingerich-
tet? Oktavia, meine Freundinn? O Himmel, wer wird nunmehr leben wollen!
Was hat fie verbrochen? Wie hat fich
das Bild der Schönheit, und der Sanftmuth, den Hafs des Böfewichts zuziehen
können?

POLYBIUS.

Ja Pompeja, fie ift nicht mehr, die fchöne Unfchuld, die Ehre der Menfchheit! fie
ift nicht mehr! Nach langer Qual hat fie,
die vergangene Nacht, die grofse Seele dem
Himmel zugefchickt; und fie geniefst jetzo
fchon den Lohn ihrer Tugend. Ihr Verbrechen war ihre Unfchuld und ihre grofsen
Eigenfchaften; und wehe den Edeln und
Rechtfchaffnen, fie werden noch viele Verbrechen begehen!—

POMPEJA.

Iſt es möglich, daſs die Bosheit des menſchlichen Herzens ſo weit kann getrieben werden, als Nero ſie treibt! daſs die Natur ſich ſo verleugnen und ſo tief von ihrer Höhe fallen kann! Oktavia, die würdig war, ewig zu leben! Finſtrer Tag, der der Welt ihr beſtes Kleinod raubt, o daſs ich dir die Augen öffnen muſs! Warum verzögre ich, mit dir zu erblaſſen, o meine Freundinn, o meine geliebte Freundinn! —

SENEKA.

Erſchreckliche Nachricht! Nun hat die Mordſucht des Nero den höchſten Gipfel erſtiegen. Die Geſchichten der barbariſchſten Nationen zeigen uns keine Beyſpiele von ähnlicher Grauſamkeit. — Aber, Pompeja, laſs dich dieſen Zufall nicht zu ſehr erſchüttern! Oktavia verdiente alle Glückſeligkeit, deren Sterbliche fähig ſind, und ich hätte ſelbſt mein Leben willig für ſie gelaſſen. Allein ſie war hinfällig, wie alles Irdiſche, und hätte doch ſterben müſſen. Sie iſt ihrer Glückſeligkeit entgegen gegangen, auf die wir alle noch warten. Beruhige dein Gemüth, und miſsgönne ihr

ihr Glück nicht. Sie ist jetzo eine Zierde
des Himmels, und weiſs nichts mehr von
dem Elende der Sterblichen. In unaus-
ſprechlicher Wonne genieſst ſie den Lohn
ihrer Tugenden.

POLYBIUS.

Ja, den genieſst ſie. Sie hörte mit be-
wundernswürdiger Standhaftigkeit den Befehl des Tyrannen an, und wie ſie den
Giftbecher getrunken hatte, verſammelte
ſie ihre gegenwärtigen Freunde und Freundinnen um ſich herum, und ſagte: — (Ach,
nimmer werde ich den ſüſſen Ton vergeſſen, mit dem ſie dieſes ausſprach, und
nimmer ihre heitre und himmliſch hohe Miene!) Sie ſagte: „Ich gehe nun in ſelige-
„re Wohnungen, in Wohnungen der Freu-
„de und der Ruhe. Gehabt euch wohl, mei-
„ne Geliebteſten! meine Freunde! auch ihr,
„die ihr itzo nicht gegenwärtig ſeyd, aber
„meinen Fall bedauern werdet, gehabt
„euch alle ewig wohl! Ihr ſeyd das ein-
„zige, was ich ungern auf der Welt zu-
„rück laſſe. Allein ein kleiner Zeitpunkt
„ſcheidet nur eure Glückſeligkeit von der
„meinigen. Bald werdet ihr mir folgen;
„dann will ich in ewig heitern Gefilden

„euch auch um mich herum verſammeln,
„und unſre Freude wird alle Vorſtellung
„übertreffen."

POMPEJA.

Ich werde dir am erſten folgen, o Göttliche! ich werde dir am erſten folgen! Das Leben iſt mir zur Laſt, und der Tod hat Wolluſt für mich. Ach! warum bin ich bey deinem Tode nicht gegenwärtig geweſen, o du, in deren Seele die meinige ganz eingewebet war! Warum habe ich dir nicht die Augen zugedrückt! Ich wäre ſo mit dir zugleich erblaſſet. — — Entſetzlicher Verluſt! — Unerhörte Grauſamkeit! Wer kann auftreten und Oktavien nur Eines Fehlers beſchuldigen? Die ſchönſte Seele wohnte in dem ſchönſten Leibe. Die Glückſeligkeit ihrer Freunde, und des ganzen menſchlichen Geſchlechts, war ihre einzige Sorge. Die Gutthätigen und Mitleidigen ſchienen ihr nur, groſs zu ſeyn, und ſie ſetzte ihren einzigen Werth nur in Mitleiden und Gutthätigkeit. — Und dich ſoll ich nicht mehr ſehen! o meine geliebteſte Freundinn! Ich ſoll nicht mehr deine ſüſſen Geſpräche hören, und deine groſsen Geſinnungen bewundern, die mich zur Tugend

anfeuerten! Ach! unmöglich kann ich nun
das Leben länger ertragen. — Ich fühle
schon die Schauer des Todes in meinen
Adern. —

POLYBIUS.

Du mußt leben, Pompeja! Du mußt deinem Gemahl' und der Wohlfahrt der Welt
leben. Erheitre dein Gemüth, und laß es unter dem Schmerz' nicht erliegen! — Agrippina hat mich abgesandt und beschwöret dich,
Seneka, bey der Heiligkeit der Tugend und
der Religion, sie und Rom nicht zu verlassen, sondern deine Ehrenstellen, die für dich
aufgehoben sind, wieder anzunehmen. Du
bist der einzige, der der Raserey des Kaisers Einhalt thun kann, weil er dein Ansehn bey dem Volke fürchtet —

POMPEJA.

Der Wütrich hat die allgemeine Liebe
Roms zu Oktavien nicht gefürchtet, und
wer ist Bürge, daß er dieserwegen meines
Gemahls schonen werde? Er hasset ihn, der
Vorwürfe wegen, die er ihm schon gemacht,
zu viel, als daß er sich die Folgen seiner
Grausamkeit vorstellen sollte; und neue Vorwürfe würden ihn noch mehr erbittern. Nein
nein, man gönne dem Seneka, nach vie-

ler überstandner Arbeit und erlittenem Ungemach', die Ruhe, und mich überhäufe man nicht mit Unglück, dessen schwere Lasten ich ohne dem nicht mehr ertragen kann. Die Vorsehung wird schon die Rechte der Tugend behaupten, und die Fesseln Roms zerbrechen.

POLYBIUS.

Du hast zu wenig Vertrauen zu Agrippinens und zu meiner Freundschaft. Wie würde Agrippina, die deinen Gemahl verehrt, von ihm etwas verlangen, dabey sein Leben Gefahr liefe? Und ich, dem es nicht schwer seyn würde, für meinen Seneka zu sterben, — dem es nicht schwer seyn würde, — wie könnte ich ihm zu etwas Gefährlichem rathen? Granius Sylvanus, und die gröfsten Heerführer haben sich wider den Nero verschworen, und das ganze Heer wartet ungeduldig, den Wütrich zu bestrafen. Seneka soll das letzte versuchen, und ihm die Folgen seines Blutdursts und Unsinns vorstellen. Entweder er gehet in sich, und wird wieder der Vater seines Volks, wie er es ehedem war, oder eine ewige Gefangenschaft ist, mit Agrippinens Einwilligung, der Lohn seiner Bosheiten. Piso,

der, wie ich höre, nebſt Fenius eben bey
dir ſeyn ſoll, Piſo, der Rechtſchaffene, der
ehe ſein Leben verlöre, als ein Laſter be-
gienge, der tugendhaft ſeyn würde, wenn
es eine Schmach wäre, Tugend auszuüben,
wird den entweihten Thron beſteigen, ihn
durch ſeine Thaten heiligen, und Rom
Ruhe, Sitten und Glückſeligkeit wieder
ſchenken. —

POMPEJA.

Allein, wer iſt Bürge, daſs mein Gemahl
nicht ein Opfer von des Tyrannen erſtem
Ausbruche des Zorns wird? Und ach! ge-
liebteſter Seneka! du bleibeſt ewig der Welt,
deinem Vaterlande und mir entriſſen, wenn
man gleich nachher deinen Tod an dem
Wütrich' mit den grauſamſten Martern rä-
chete!

SENEKA.

Du beſorgſt zu viel, Pompeja! Du fürch-
teſt nur den Verluſt meiner; fürchte mehr
den Untergang Roms! Polybius hat Recht,
man muſs das letzte verſuchen. Ich werde
es ſchon mit Glimpf, und nicht mehr, wie
vormals, mit Heftigkeit thun. — Wie glücklich wollte ich mich ſchätzen, wenn ich
Rom nicht vom Nero befreyen, ſondern den

Nero seinem Volke wieder schenken könnte! Er, der ehemals meine Lust, und die Lust des menschlichen Geschlechts war, ach! möchte er es doch wieder werden! Wie froh wollte ich einmal mein graues Haupt zur Ruhe legen, wenn ich den Verirrten auf die Bahn der Tugend zurück bringen könnte! Ich würde glauben, den Himmel offen zu sehen, und die Freude der Unsterblichen zu empfinden!

POLYBIUS.

Vielleicht bist du so glücklich, Seneka! Wenigstens kann man hoffen, daſs die Furcht vor traurigen Folgen, deren Herannäherung man ihm verdeckt zeigen muſs, ihn von fernerer Grausamkeit abhalten werde. -- Ach! geliebtester Freund! Du schenkst durch deinen Entschluſs Agrippinen und mir das Leben, und Rom seine Wohlfahrt wieder. Säume nicht, dein Versprechen zu erfüllen. Ich will eilen, und Agrippinen die frohe Nachricht von deiner baldigen Ankunft in Rom überbringen. (*Er geht ab.*)

SENEKA.

Und wir, Pompeja, wollen den Fenius und Piso aufsuchen, und ihnen entdecken, was vorgegangen ist.

ZWEYTER AUFZUG.

ERSTER AUFTRITT.

POLYBIUS, *der zurückkömmt.*

Himmel, was bedeutet dieses! Das Landgut des Seneka ist ringsum mit Kriegern besetzt. — Ich finde keinen Ausgang, wohin ich mich wende. — Gewiſs ist es um des Redlichen Leben geschehen. Wenn du gerecht bist, o Gottheit! wenn du gerecht bist, so verstatte dieses Unglück nicht. Schone der gröſsten menschlichen Tugend! Schone den, der auf der Welt dir am ähnlichsten ist! Verhänge über mich Schmerz und Elend, Verlust der Güter, Gefangenschaft und Verweisung, und alles Unglück; nur laſs den Seneka leben! — Der groſse Seneka, das Bild aller menschlichen Vollkommenheiten, soll von der Hand eines Verruchten erblassen. — Welch ein Gedanke für mich! Wie werde ich des Tages Licht ertragen können, wenn er nicht mehr seyn wird! Gedanke, der mich mit Schrecken und Verzweiflung erfüllet, und —

ZWEYTER AUFTRITT.

EIN HAUPTMANN DES FABIUS, NEBST DER WACHE, UND POLYBIUS.

DER HAUPTMANN.
Bist du Seneka?
POLYBIUS.
(*Die erſten Worte bey Seite.*) Er kennt mich nicht. — Ich bin's; ich bin der, den du ſuchſt.
DER HAUPTMANN.
Der Kaiſer hat dem Heerführer Fabius Befehl ertheilet, den Tod dir anzukündigen, und Fabius hat es mir aufgetragen. Du weiſst, daſs ich dich ſuche, du wirſt auch dein Verbrechen, die Urſachen deines Todes wiſſen.
POLYBIUS.
Die Urſachen meines Todes weiſs ich: Nero iſt ein Tyrann, und ich habe es ihm geſagt. Mein Verbrechen weiſs ich nicht. Ich ſterbe gern. Mein Gewiſſen klagt mich nicht an, und der Tod iſt mir erträglicher, als die beſtändige Furcht des Todes, worinn der Grauſame alle Redlichen und Edelgeſinnten von Rom unterhält; erträglicher, als

der Schmerz, den ich schon zu lange über
die Unterdrückung und das Elend der Recht-
schaffnen empfinde. — Sage dem Nero, dafs
er ein Wütrich ist! Sage ihm, dafs ich mir
einen Ruhm daraus mache, auf sein· Geheifs zu sterben, da noch kein Bösewicht
durch ihn das Leben verloren. Glückseliges
Rom, wenn ich der letzte Unschuldige bin,
den er hinrichtet! — (*bey Seite*) Ach wäre
ich der letzte! Ach! möchte sich Seneka
verbergen, und, nachdem der Hauptmannn
zum Nero zurückgekehrt, sich mit der Flucht
retten. — Aber warum hat der Heerführer Fabius mir nicht selbst den Tod angekündiget? Warum gebraucht er dich zu einem so unbarmherzigen Geschäfte?

DER HAUPTMANN.

Ich weifs nicht, warum er dir den Tod
nicht selbst angekündiget. Mich aber gebraucht er dazu, weil ihm meine Treue
gegen den Kaiser bekannt ist. Man ist nicht
unbarmherzig, wenn man sich gegen Ver-
brecher gebrauchen läfst. Du hast den Tod
schon durch das, was ich höre, verdient.

POLYBIUS.

Nichtswürdiger! Nero hat die Strafe des
Himmels und den Abscheu der Welt ver-

dienet, und diejenigen, die ihm in seinen Bosheiten treu sind, Marter, Verachtung und Schande. — Bösewicht! baue nur dein Glück auf den Gehorsam gegen einen Unsinnigen! Er belaste dich mit seiner Gnade, und erfülle dich mit seinen schwarzen Freuden! Aber wisse: Hohn und Schande wird dir auf dem Fusse folgen, und der Zorn des Himmels wird über dich kommen, wie eine Überschwemmung. — Und was für eine Todesart hat mir der Grausame auferlegt?

DER HAUPTMANN.

Verräther! der Kaiser ist nur zu gnädig; er überläfst sie deiner Wahl. Ich —

POLYBIUS.

Meiner Wahl? (*Er entblöfst die Brust*) Hier ist die Brust! Erstich mich, und eile dem Kaiser, dem Mörder, die frohe Nachricht von meinem Tode zu überbringen. — Erstich mich, Feiger!

DRITTER AUFTRITT.

SENEKA und die VORIGEN.

SENEKA.

Welch ein Auftritt! Was willst du, Polybius?

POLYBIUS.

Sterben!

DER HAUPTMANN.

Er will nicht sterben, der feige Seneka! Aber er muſs sterben! Nero und Fabius haben ihre Befehle keinem Schwachen, keinem Weichlinge anvertraut. —

SENEKA.

Wenn Seneka sterben soll, so muſs ich sterben, und nicht Polybius: ich bin Seneka!

EIN SOLDAT *zu dem Hauptmanne.*

Dieser ist Seneka, und nicht der erstere, der sich für den Seneka ausgab. Ich kenne ihn, und habe ihn oft bey dem Kaiser auf dem Kapitol' gesehen.

DER HAUPTMANN.

Wunderbare Verwirrung! Schon war ich bereit, mein Schwerdt in den Busen des falschen Seneka zu stoſsen. — Doch es wäre

nur von dem Blute eines Unrechten gefärbt
worden, aber nicht von dem Blute eines
Unschuldigen: sie sind beide Feinde des
Kaisers. (*zum Polybius*) Aber was für ein
Unsinn bewegt dich, den Tod zu suchen?
durch deine treulosen Gesinnungen gegen
den Nero wirst du ihn finden, ohne ihn zu
suchen.

POLYBIUS.

Laſs ihn mich finden, Grauſamer! laſs
ihn mich finden! er ist mir nicht furchtbar;
Aber furchtbar ist mir der Tod des tugendhaften Seneka: schone diesen Gerechten,
diesen Freund des Kaisers, der sein ganzes
Leben, und seine Glückseligkeit dem Wohl'
des Nero, und des Vaterlandes aufgeopfert
hat, und es noch thun wird; schone ihn,
wenn du das sanfte Gefühl des Mitleidens
und die Pflichten kennest, womit du der
Welt und Rom verbunden bist. — Diese
einzige edle That wird dich glücklicher machen, als alle Ehren und Reichthümer der
Welt; das Andenken derselben wird dich,
dein ganzes Leben durch, begleiten, und
dir ein Schild seyn gegen Elend und widri-
ge Zufälle.

DER HAUPTMANN.

Mein Glück hängt von meinem Gehorsam' ab. Seneka muſs sterben. Ich bin nicht befehligt, seine Schuld oder Unschuld zu untersuchen; aber ihm den Tod —

POLYBIUS.

Glaube der Stimme Roms, wenn du mir nicht glaubſt! Rom kennt seine Unschuld und fodert sein Leben. — Vergeblich, o Niederträchtiger, machſt du dir Hoffnung, durch Bosheit groſs zu werden; der baldige Fall deines tyrannischen Abgotts wird dich erdrücken, du —

SENEKA.

Entrüſte dich nicht, Polybius! laſs mich sterben. Zu was für Ausschweifungen verleitet dich deine Freundschaft gegen mich! Wie wäre es mir ergangen, wenn du, ſtatt meiner, das Leben verloren hätteſt! Ich hätte den Tod nicht gemieden, sondern ihn zehnfach gefühlt. Ach Freund, ach Redlichſter unter den Sterblichen! deine Freundschaft iſt mir zum erstenmale zur Laſt. Ich kann dir meine Schuld nicht bezahlen, so gern ich es wollte! Wie viel vergnügter würde ich sterben, wenn ich nur deinetwegen sterben könnte, und nicht, weil es

Nero befiehlt! — Ach! laſs mich ſterben, und erhalte du dein Leben zur Wohlfahrt der Welt. Es iſt unedel, das Leben zu verachten, ſo lange man der Welt Nutzen ſchaffen, und glücklich ſeyn kann. Laſs diejenigen es verachten, die Alter und Unglück zu Boden drückt, oder die es auf Befehl grauſamer Regenten hingeben müſſen. —

DER HAUPTMANN.

Verachte es alſo! du muſst es hingeben. Wähle dir eine Todesart nach eigenem Gefallen. Verachte es —

SENEKA.

Ich will deine und deines Kaiſers Freude nicht verzögern. Erlaube nur, daſs ich von meinen anweſenden Freunden Abſchied nehmen darf.

(*Sie gehen ab.*)

DRITTER AUFZUG.

ERSTER AUFTRITT.

SENEKA *mit verbundenen Adern*, POMPEJA, PISO, FENIUS, POLYBIUS, DER HAUPTMANN UND DIE WACHE.

SENEKA *mit schwacher Stimme.*

Es wird nicht nöthig seyn, dafs ich mir die Adern wieder öffnen lasse: Schwachheit und Ohnmacht überfällt mich schon, und ich fühle das Ende meiner Tage sich nahen. O ewiges, unbegreifliches Wesen! auf dessen Ruf das verwirrte Chaos Leben und Gestalten, Schönheit und Ordnung annahm! das auch den denkenden, unsterblichen Geist des Menschen werden liefs! ich fürchte mich nicht, vor dir zu erscheinen, ungeachtet du mit mächtigem Arme die furchtbare Wage hältst, die die Thaten der Sterblichen richtet. Ich bin der Vernunft, die du mir zur Führerinn gegeben, gefolgt. Nie hat mich Bosheit entehrt, nur Schwachheit hat mich zu Fehlern verleitet. — O! welche Pracht, welche

Herrlichkeit muſs dich umgeben, da deiner Hände Werk, der Bau der Welt, die Sonne und der geſtirnte Himmel mit ſo viel Majeſtät geſchmückt iſt! —

POMPEJA.

Du biſt deiner Glückſeligkeit und dem Lohne deiner Tugend nahe, mein Seneka! Aber mich und deine Freunde läſſeſt du zurück. Ach! weſſen Schmerz iſt dem meinigen gleich? Wer hilft mir meine Laſt tragen? Oktaviens Tod hätte ich ſchon nicht überleben können, wenn ich dich auch nicht zugleich hätte verlieren müſſen. Der Beſitz deiner, und deine Liebe überwog bey mir alle Pein, und ſchien mir der ſchrecklichſten Martern werth. Allein itzo erdrückt mich die Hand des Unglücks! Nun iſt mir des Tages Licht unerträglich! — Gerechter Himmel, warum tödteſt du nicht gleich diejenigen, die du elend machſt! Wie leicht iſt der Tod, aber wie entſetzlich ſind oft ſeine Urſachen! — Doch endlich befreyt er von aller Qual. Er wird mich auch davon befreyen! Ich will ihn ſchon finden. Ein kurzer Schmerz iſt einem langen Übel vorzuziehen. Ich will mit dir zugleich erblaſſen, o du, die beſte Hälfte meines Lebens!

SENEKA.

Der Tod wird mir nicht schwer, nur der Verlust deiner, o Pompeja, und der Verlust eurer, meine Freunde, wird es mir. Doch ihr werdet bald bey mir seyn, und ich bin glücklich genug gewesen, dafs ich euch besessen habe. O ihr, vormals mein Wunsch und Trost, itzt meine Qual, lebt ewig wohl! Euer Glück sey euern grossen Verdiensten gleich. Errettet euer Vaterland von der Knechtschaft, richtet die unterdrückte Tugend auf, und wischet die Thränen von den Augen der Gerechten! Der sey unter euch der Gröfste, der der Willigste ist, die Glückseligkeit Roms mit Ketten und Wunden, und allem seinem Blute zu erkaufen. —

PISO.

Ach! er stirbt, der gröfste Römer! er stirbt, und verlieret all sein Blut für die Glückseligkeit Roms! Warum verhängst du seinen Tod, o Himmel! warum verhängst du, dafs ich dabey gegenwärtig seyn mufs! Ich glaubte, durch meinen Besuch, mein Gemüth zu erheitern, und Bilder, schwärzer, als die Nacht des Todes, erfüllen es, und werden niemals wieder daraus verlöschen! Künftige, weit entfernte Jahrhunderte werden deinen Fall bedauern, o Edelſter unter den wenigen Edeln der Welt! und ſie werden dem Wütrich' fluchen, der ihn veranlaſst. — Aber beſorge nicht, daſs deine Freunde jemals die Geſinnungen verleugnen werden, die ſie deinem Umgange und deinem Unterrichte zu danken haben. Du wirſt immer mitten unter uns ſeyn; wir werden glauben, daſs dein Geiſt auf unſre Thaten ſieht, daſs ſeine Gegenwart uns umgiebt, wie der Äther, und bey allen zweifelhaften Fällen werden wir uns befragen: wie würde dieſes Seneka aufnehmen? — wie würde er handeln? — Kein dir unwürdiger Gedanke ſoll jemals deine Freunde entehren; und wem nur ein Schatten davon vor der Seele vorüber geht, den wird Abſcheu und eine edle Angſt erfüllen, wenn er an dich gedenkt; er wird dein Bildniſs ſehen, und ein heiliger Schauer wird ſein Innerſtes durchdringen. —

SENEKA.

Denkt nicht zu lange an mich und meinen Tod, meine Geliebteſten! nur eine kurze Zeit beweinet euern Freund. — Mein Lebensende iſt nahe! — Die Bruſt wird mir zu enge! — Ich —

POLYBIUS.

Ach! er ſtirbt! er iſt erkaltet!— Himmel, warum muſs ich ein Zeuge dieſes Unglücks ſeyn! Was wird meinen Verluſt erſetzen! Nimmer werde ich dieſen abſcheulichen Tag vergeſſen, der mir meinen vortrefflichen Freund, und dem menſchlichen Geſchlechte ſeine Zierde raubt. —

POMPEJA.

Nun iſt es um mich geſchehen! Mein Seneka! mein Seneka! wie erſchrecklich beugſt du mich! Sage mir noch einmal, daſs du mich liebſt! — Er hat ſeinen Geiſt ſchon zu den Unſterblichen geſandt. — Ach! wer errettet mich von der Angſt, die meine Seele überfällt? Unausſprechliche Martern zerreiſsen mich! Meine ſchwachen Füſſe zittern und erhalten mich nicht mehr, und die Bruſt iſt — und die Welt iſt — mir zu enge — Wo biſt du, mein Seneka? wo biſt du? Kehre zu mir Verlaſſenen zurück! — Nattern — Heere von Nattern eilen auf dich zu, und wollen dich tödten. — Seht, wie ſie den ſchuppichten Leib krümmen! Hört wie ſie ziſchen! — Rettet ihn! o! rettet meinen Geliebten! — Aber — wie iſt mir? unbeſchreibliche Angſt zerrüttet meine Natur. O Tod!

nur du kannst mich von meinem Elende befreyen. O mein Seneka! —

(*Sie erfticht fich.*)

POLYBIUS.

Himmel, was für entsetzlicher Pein bin ich aufgehoben! Unglück folgt auf Unglück und Jammer auf Jammer. O mein Freund, o meine Freundinn! in was für einem Zustande hinterlaſst ihr mich! wie werde ich ohne euch die Laſt des Lebens ertragen! Die Ehre Roms und die Ehre des menschlichen Geschlechts ist dahin, und Nero und ihre Schande lebt! Wann wirſt du deine Rechte schützen? o Vorsehung! wer wird das Werkzeug deiner gewiſſen Rache seyn? Pifo, Fenius, ihr Edeln —

SENEKA, *der sich von der Ohnmacht erholt.*

Ach — Iſt das Ende meiner Qual noch nicht vorhanden? — Eine Zeitlang hatte mich das Gefühl verlaſſen, allein nun empört sich die Bruſt auf's neue — Himmel, was iſt hier geschehen! — Pompeja in ihrem Blute! Entsetzlicher Anblick, der mich mehr beunruhiget, als alles, was ich jemals erlitten habe. — Pompeja! o Allzugetreue! Verzeuch, verzeuch, bis ich zugleich mit dir erblaſſe.

Öffnet mir die Binden, daſs alle mein Blut dahin flieſse! daſs meines Elendes ein Ende werde! —

(*Pompeja wird weggebracht.*)

ZWEYTER AUFTRITT.

SENEKA UND DIE VORIGEN, DER BOTE.

DER BOTE.

Ein erſchrecklicher Zufall verwüſtet deine Vorwerke am Geſtade des Meers, o Seneka! Ich bin abgeſchickt, es dir zu ſagen. Gewaltige Winde erhuben ſich plötzlich, Finſterniſs bedeckte den Himmel, ſo, daſs die Vögel der Nacht erwachten. Flammen fuhren aus der Erde; ſie krachte, als wenn alle Felſen des Grundes bis zum Mittelpunkte der Erde geſpaltet würden. Die See ſchien zu klagen, erhub ſich, und riſs aus ihren Ufern. Die Gebäude ſtürzten ein vor der Macht der Wellen; und Schrecken und Angſt erfüllte die ganze Gegend — Allein, ihr Götter! was ſehe ich! Nun weiſs ich, was dieſer fürchterliche Zufall verkündiget hat. —

FENPUS.

Ja, leider! kannſt du es hier ſehen! Seneka, dein Herr, der gröſste, und der tugendhafteſte Mann unter allen Sterblichen, der Freund des Himmels, und die Zierde der Natur, ſtirbt, auf Befehl des elendeſten Böſewichts, den jemals die Erde getragen hat. Nicht nur die Seinigen werden den Tod des Edeln beweinen, ſondern die weite Welt, die er belehret hat, und deren Glückſeligkeit er ſuchte. Der Himmel kündiget ihr, durch die entſetzliche wunderbare Begebenheit, die Gröſſe ihres Verluſtes an —

DER BOTE.

Ach! welch ein Unglücksbote muſs ich ſeyn! Die Wut der Elemente hat Furcht und Schrecken in der Gegend, von der ich komme, verbreitet; aber die Nachricht, die ich ihr bringen werde, wird alle Bewohner derſelben mit Verzweiflung erfüllen. Sie werden nun die wehklagende Stimme des Sturmes verſtehen, und das rufende Meer wird ihnen ſagen, daſs Seneka, ihre Freude und ihre Glückſeligkeit, ſtirbt! Vor Schmerz werden ſie ſich die Bruſt ſchlagen, und das Haar ſich von ihren Häuptern reifsen. O gerechte Götter! o Seneka! o mein geliebtester Herr! (*Er geht ab.*)

DRITTER AUFTRITT.

SENEKA, PISO, POLYBIUS, FENIUS, der HAUPTMANN und die WACHE.

SENEKA.

Nun nahet sich das Ziel meiner Tage! Athemlosigkeit, und kalter Schweifs überfällt mich, und die Gegenstände schwimmen mir schon vor den Augen. — O Wesen aller Wesen beflügle meinen Ausgang aus der Welt! — Gehabt euch wohl, meine Freunde! gehabt euch wohl! — Ich — sterbe!

(*Der Vorhang fällt zu.*)

PROSAISCHE AUFSÄTZE.

I.

Ich las neulich, ehe ich mich schlafen legte, des Boileau Gespräch, Pluto genannt. Die Bilder des unterirdischen Reichs, die sich dadurch meinem Gemüth' eingepräget hatten, waren vermuthlich die Ursache des nachfolgenden Traums.

Mich dünkte, daſs ich mich am Eingange der Unterwelt befände, wo Minos auf seinem fürchterlichen Richterstuhl' über die ankommenden Schatten der auf der Oberwelt verstorbenen Menschen Gericht hielt; zu seiner Rechten stand der Hüter der elysäischen Felder, und zu seiner Linken der Hüter des Erebus. „Womit haben „Sie sich auf Erden beschäftiget, mein artiger Herr?" sagte Minos zu dem ersten Schatten, der sich ihm näherte. Der junge Herr ward über die Frage nicht wenig verwirrt. Endlich erholte er sich, und antwortete, indem er ein Ballet zu tanzen schien: „Ich „bin niemals müſsig gewesen: alle Tage „habe ich meine ungelehrigen Haare, mit „Hülfe eines heiſsen Eisens, und anderer

„Kunstgriffe, unterrichtet, in wallenden
„Loken zu spielen. Ich gewöhnte mein
„Gesicht vor dem Spiegel zum Lächeln,
„und meine Füsse zu Reverenzen, die ich
„mit grossem Anstande glitschte. Im Pi-
„rouett', das ich auch vor dem Spiegel
„zur Vollkommenheit brachte, hat es mir
„niemand meiner eifersüchtigen jungen
„Zeitverwandten zuvor gethan. Überdem
„las ich galante Schriften, und vergnügte
„mit Erzählung der Begebenheiten, die
„ich darinn fand, die Schönen bey mei-
„nen Aufwartungen am Nachttische. Ich
„besuchte Konzerte und Bälle, und sang
„und pfiff und trillerte." — Und du hast
dein Leben nicht müssig hingebracht? sagte Minos: Fort mit dir zu meiner Linken!
Fort mit dir! Der Cerberus soll dir lauter
Pirouetten springen, und lauter Triller heulen, damit du nicht aus der Gewohnheit
kommest! — Und du? bist du auch ein
Müssiggänger gewesen? rief Minos hier einem röthlichen und fetten Schatten zu,
der auf den jungen Herrn folgte. Du hast
sehr die Miene davon. — „Der bin ich
„nicht gewesen, antwortete der fette
„Schatten. Müssiggänger habe ich immer

,, gehafst. Die ohne Verrichtung leben, und
,, alle Tage fpazieren gehn, und Felder und
,,Wälder durchftreichen, find Müffiggänger,
,, wenn fie gleich vorwenden, dafs fie es
,, thun, um die Schönheiten der Natur zu
,, bewundern, oder im Schatten zu lefen.
,, Ich war Prälat, und hatte meine Verrich-
,, tungen. Ich mufste meine Einkünfte be-
,, rechnen, täglich zwey Küchenzettel ma-
,, chen, und meiner Haushaltung vorfte-
,, hen, und habe niemals im Schatten ge-
,, feffen, als etwa im Schatten von mei-
,, nem groffen Weinfaffe." — Und da gewifs nicht müffig, verfetzte Minos. In Elyfien ift zu viel Schatten für dich. Man bringe ihn nach dem Erebus, zu den Fäffern der Danaiden! Er hat genug gezapft, er kann auch einmal anfüllen. — Was haft du im Leben gethan? fragte Minos ferner eine Matrone, die auf ihn zukam. ,,Ich
,, habe meinem Manne, der Pächter eines
,, Vorwerks war, zwölf Kinder geboren,
,, die ich ihm mit meiner Hände Arbeit er-
,, nähren half, und forgfältig und fromm
,, erzog. Meine Mühe hat auch fo gut ge-
,, fruchtet, dafs mein ältefter Sohn einer
,, der beften Obftgärtner in unferer Gegend

„ift, auch den Ackerbau, und die Wirth-
„fchaft der Bienen fehr gut verfteht; und
„meine ältefte Tochter, die bey meinem
„Manne geblieben ift, weifs, ohne Ruhm
„zu fagen, mit dem Obfttrocknen fo gut
„umzugehen, und ift überhaupt eine fo
„gute Wirthinn, als eine im Lande."
Minos lächelte über die Einfalt der guten
Frau, und fagte: Hier wird fie niemand
heyrathen. Aber, fuhr er fort, dein Mann
wird hier bald bey dir feyn, und ihr follt
beide. — Die ehrliche Frau ftutzte ein
wenig, und erwiederte: „Gut! aber
„wenn er nur nicht mehr fo viel Tabak
„rauchte!" Und Minos empfahl fie dem
Hüter der elyfäifchen Felder. — Nunmehro folgte ein kaum fichtbarer Schatten. Er fchien der Schatten eines Schattens
zu feyn. Auf die Frage des Minos, wie er
gelebt habe? antwortete er: „Ich habe ge-
„fucht, meine Schuldigkeit zu thun, und
„den Endzweck zu erfüllen, warum mich
„die Götter auf die Erde gefetzt. Ich bin
„aber doch nicht glücklich gewefen. Ich
„hatte einen kränklichen Leib, und war
„von trauriger Gemüthsart, und habe bey
„meiner Unfchuld mehr als Erebus Qualen

„erlitten." Du bist milzsüchtig gewesen, sagte Minos. Fange mir nur hier nicht an zu klagen. Und was hieltest du für deine Schuldigkeit, die du dich bestrebt hast zu thun? „Was mir Tugend, meine Vernunft, „und die Ehre befahlen," erwiederte der dürre Schatten; „denn ich hielt ehrliebend „handeln, und der Götter Willen erfüllen, „für einerley. — Er war," fieng der Schatten seines Nachbarn an, der unmittelbar auf ihn folgte, „er war das Glück und „der Trost seiner ganzen Gegend, — O „nein! sagte der Traurende, o nein! ich „habe die ganze Gegend traurig gemacht. „Ich — Er hat allen Armern von seiner „Armuth mitgetheilet, fuhr der Nachbar „fort, und ohne ihn hätte ich mein Leben „in grossem Elende hingebracht. Er war „mäſſig, keusch, mitleidig, grosmüthig, „dankbar, unvermögend zu der geringsten „Bosheit, ganz Ehre und ganz Freund-„schaft; nur seine traurige Gemüthsart, die „von einer kränklichen Leibesbeschaffen-„heit, und von hochmüthigen Bösewichtern „vermehret ward, die ihn aus Neid läster-„ten, und verfolgten, war Schuld, dass „er nicht, seinen Verdiensten nach, glück-

„lich war." — „Nein, nein! ich habe „meine Schuldigkeit" — rief der traurige Schatten. — Minos winkte dem Auffeher der elyfäifchen Felder, die beiden guten Schatten in Empfang zu nehmen. Der Nachbar ift auch ein ehrlicher Mann gewefen, fagte Minos; denn es ift fchon eine groffe Tugend, der Tugend Gerechtigkeit wiederfahren zu laffen. — Kaum berührte der Hüter Elyfiens den traurigen Schatten, als Freude und Entzückung aus feinen Augen fah, und fein ganzes niedergefchlagenes Geficht fich aufheiterte, fo wie eine Blume, vom Regen nafs, und von Stürmen gedrückt, der fchnell hervorkommenden Sonne fchimmernd entgegen lacht. —

Cerberus fieng nun gewaltig an zu heulen. Er bewillkommt feine Gäfte, fagte Minos. Dort kömmt ein ganzer Schwarm betrunkner Böfewichter an. Sie haben fich Muth getrunken, und find in der Schlacht getödtet worden, die itzt eben auf der Oberwelt geliefert worden. Ein gräfsliches Gefchrey, von dem ich, aufser *Teremtette! bafzom a' lelket!* ftich! Hund! *tue! tue!* nichts verftand, wirbelte von ihren bärtigen Lippen, fo, dafs das ganze unterirdifche Reich davon erfcholl, und ich vor Schrecken aus dem Schlaf' erwachte.

II.

MEIN HERR AUFSEHER!

Sie glauben durch ihre Spöttereyen und luftigen Einfälle die Welt zu beffern, und es ift möglich, dafs Sie etwas Gutes dadurch ftiften, ob ich gleich zweifele, dafs es viel feyn werde. Die Menfchen denken felten, dafs fie die Urbilder der lächerlichen Abfchilderungen find, die man in den Schriften der Satirenfchreiber findet, und machen gern andere dazu; wodurch fie denn eher boshafter, als beffer werden. Wäre es alfo nicht von gröfferm Nutzen, wenn Sie der Welt Gemälde von edlen Charaktern, tugendhaften und groffen Handlungen u. d. gl. vor Augen legten, und fie auf diefe Art zur Nachahmung anfeuerten? Beyfpiele von Verachtung der Reichthümer, von Standhaftigkeit im Unglück', von aufserordentlicher Freundfchaft, feltener Treue und Redlichkeit, Mitleiden gegen die Armen, Aufopferung feines eigenen Nutzens

für den Nutzen der Welt; und mit einem
Worte, Beyspiele von Handlungen, die
aus der Größe der Seele entsprungen sind,
rühren ungemein, reizen zur Nachahmung,
und bessern mehr, als aller Spott und alle
Geißeln der Satire. Damit ich meine Mey-
nung begreiflich mache; so erlauben Sie,
daß ich Ihnen ein Paar Exempel von dieser Art erzähle, die ich beide aus Lucians
Toxaris genommen habe.

Eudamidas, ein Korinther, hatte zwey
Freunde, den Charixenus, einen Sycionier,
und den Aretheus, einen Korinther. Weil
er nun arm, seine zwey Freunde aber reich
waren, machte er sein Testament folgen-
dermaßen: „Dem Aretheus vermache ich,
„meine Mutter zu ernähren, und ihr in
„ihrem Alter beyzustehen; dem Charixenus,
„meine Tochter zu verheyrathen, und sie,
„so gut, als es nur immer möglich ist, aus-
„zustatten. In dem Falle aber, daß einer
„von beyden mit Tode abgehen sollte: so
„setze ich den noch Lebenden an des Ver-
„storbenen Stelle ein." Diejenigen, welche
dieses Testament zu sehen bekamen, spot-
teten darüber; allein seine Erben nahmen

daſſelbe, auf die erhaltene Nachricht, mit beſonderm Vergnügen an. Ja, als einer von ihnen, Charixenus, fünf Tage nachher geſtorben, und ſeine Stelle zum Vortheil' des Aretheus erledigt worden war; ernährte dieſer die Mutter ſorgfältig, und gab von den fünf Talenten, welche er im Vermögen hatte, zwey und ein halbes ſeiner einzigen Tochter mit, die andern zwey und ein halbes aber der Tochter des Eudamidas, welchen er auch allen beiden an Einem Tage die Hochzeit ausrichtete.

Und nun hören ſie auch die zweyte Geſchichte.

Um die Pracht der Pyramiden, die metallene Bildſäule des Memnons, die von der Morgenſonne erklang, den Nil, und andere Wunder der Natur und Kunſt zu ſehen, reiſete Demetrius nebſt ſeinem Freunde Antiphilus, die ſich beide den Wiſſenſchaften gewidmet hatten, aus Griechenland nach Egypten. Kaum waren ſie daſelbſt angekommen, als Antiphilus erkrankte. Demetrius ließ ihn in den Händen eines Arztes, und eines Bedienten, Syrus genannt, und verfolgte ſeine Reiſe den Nil herauf. Syrus war indeſſen von ungefähr mit Räubern in Bekanntschaft gerathen, die ihm gestohlne güldne und silberne Gefässe aus des Anubis Tempel, wie auch den güldnen Gott selber, in Verwahrung gegeben hatten. Die Sache ward ruchtbar: man warf, wegen des Bedienten, Verdacht auf den Herrn; und Antiphilus ward nebst dem Syrus und den Räubern in Verhaft genommen. Man brachte sie in ein finsteres unterirdisches Gefängnis, und legte sie in Ketten. Antiphilus mochte im Verhöre den Richtern von seiner Unschuld sagen, was er wollte, er blieb in Ketten und im finstern Gefängnis' in Gesellschaft der Räuber. Er überliess sich hierauf, einige Monate lang, dermassen dem Schmerz', dass er zuletzt keine Speise mehr zu geniessen vermochte, dass der Schlaf ihn floh, der ohnedem auf der harten und feuchten Erde nicht sanft seyn konnte, und dass er beynahe, da er kaum genesen war, wieder in eine tödtliche Krankheit verfallen wäre; als eben Demetrius von seiner Reise zurück kam. So bald dieser erfahren hatte, was vorgieng, eilte er zu dem Gefängnis', und brachte es, durch Bitten und Flehen, bey dem Kerkermeister so weit, dass er zu dem

Antiphilus, von dem Kerkermeister begleitet, gelaſſen wurde. Er erkannte ſeinen
Freund nicht mehr: ſo hatte denſelben
der Schmerz und das Elend verſtellt, und
er muſste ihn mit Namen rufen, um ihn zu
finden. Mit tauſend Thränen umarmeten
ſich endlich die beiden Getreuen. Demetrius
ſprach dem Antiphilus Muth ein; und weil
er ſahe, daſs des Antiphilus Kleidung im
Kerker von Feuchtigkeit zerriſſen und ganz
verdorben war, zerſchnitt er gleich ſeinen
eignen Mantel in zwey Stücke, und gab
dem Gefangenen die eine Hälfte; weil er
auch auf die Reiſe faſt alle ſein Geld ver-
wandt hatte, ſo faſste er den Entſchluſs,
durch körperliche Arbeit, ob er ſie gleich
nicht gewohnt war, ſeinem Freunde und
ſich Unterhalt zu verſchaffen, und half, mit
ſchwachem Leibe, den Schiffern Laſten in
die Schiffe tragen.

So ernährte er ſich und den Antiphilus
eine ziemliche Zeit, und ſchaffte ihm etwas
Bequemlichkeit und Linderung ſeines Unglücks. Allein bald darauf ſtarb einer von
den Räubern, und man muthmaſſete, daſs
er Gift eingenommen hätte. Dem Demetrius
ward alſo, wie einem jeden, der Zugang

zu dem Kerker unterſagt. In dieſen traurigen Umſtänden, die ihm das gröſste Unglück zu ſeyn ſchienen, wuſste er kein ander Mittel, zu ſeinem Freunde zu kommen, als ſich für mitſchuldig anzugeben. Er that es, und ward zum Antiphilus geführt. Dieſer erſtaunte, als er den Demetrius unvermuthet, in Ketten, wieder ſah, und zerfloſs in Zähren über dieſe neue Probe ſeiner groſsen Freundſchaft, und ſeines edlen Gemüths. Sie weinten beide voll Zärtlichkeit, und tröſteten ſich mit der Fürſorge des Himmels, dem ſie vertrauten. — Lange Zeit ſaſsen ſie ohne Hoffnung der Befreyung, und waren wund von den Feſſeln, und abgefallen von Gram und von der ſchlechten Nahrung, die man ihnen reichte; bis einer der Räuber Gelegenheit fand, durch Scheidewaſſer ſich und alle Gefangenen von den Ketten zu befreyen, und aus dem Gefängniſs' zu helfen. Ein jeder der Erlöſeten rettete ſich mit der Flucht, ſo gut er konnte, nur Demetrius und Antiphilus blieben zurück; und ſie meldeten ſelber dem Präfektus, was vorgegangen war. Dieſer, der nunmehr von ihrer Unſchuld überzeugt ward, lobte ſie ſehr, beſchenkte ſie, be-

sonders den Demetrius, so reichlich, daſs
sie, ihr ganzes Leben durch, keinen Mangel zu besorgen hatten, und ließ sie vergnügt in ihr Vaterland zurück kehren.

Ich bin,

MEIN HERR AUFSEHER!

Ihr Freund und fleiſsiger Leser, v. K.

III.

CHARON UND KATILINA.

EIN GESPRÄCH.

CHARON.

Dein Schatten sieht ja sehr blutig und zersetzt aus. Du bist gewiſs ein Held gewesen, und in einer Schlacht geblieben?

KATILINA.

Du räthest recht. Ich war es, und bin in einer Schlacht geblieben.

CHARON.

Wie heiſsest du?

KATILINA.

Katilina.

CHARON.

Ich kenne dich. Viele Römer, die ich über den Flufs gefahren, haben mir Befchreibungen von dir gemacht. Aber warum fuchteft du den Untergang deines Vaterlandes? Was hatte es gegen dich verbrochen?

KATILINA.

Es war ungerecht gegen mich, und verfagte mir Ehrenftellen, die ich verdiente. Ich wollte mir alfo das mit Gewalt fchaffen, was man mir, weil ich ohne Gewalt war, verfagte. Ich hatte einerley Abfichten mit Cäfarn, und war fo grofs als er, nur nicht fo glücklich.

CHARON.

Du warft alfo wohl ein tugendhafter Mann?

KATILINA.

Um diefs Verdienft der Schwachen habe ich mich fo wenig bekümmert, als Cäfar. Ich war ein grofser Feldherr und Staatsverftändiger, voller Ehrbegierde und grofsen Anfchläge.

CHARON.

Alfo warft du ein aufserordentlicher Mann, wie alle berühmten Räuber auch waren: aber kein grofser Mann, denn diefer mufs zugleich redlich und tugendhaft seyn. Ist es wahr, daſs du der Wollust so sehr ergeben gewesen?

KATILINA.

Ich habe geglaubt, daſs ich auf der Welt wäre, um glücklich zu seyn: daher habe ich mir freylich keine Art des Vergnügens versagt.

CHARON.

Das heiſst: du hast geschwelgt, und betrogen um zu schwelgen; du hast alle Nächte mit Tanz und Unzucht hingebracht, und den halben Tag verschnarcht. Um zwölf Uhr Mittags lieſseſt du dich aus dem Schlafe wecken, es mochte Tag oder Nacht seyn; nicht wahr?

KATILINA.

Du scherzeſt. Ich war aus Gründen wollüſtig, wie du gehört haſt. Allein meine Neigung zur Wollust hinderte nicht, daſs ich nicht Kälte und Hitze, Hunger und Durſt, und alles Elend, trotz jemand, ertragen konnte, so bald es nöthig war. Rom hat es erfahren. — Niemals hätte ich einen Poſten, den ich vertheidigte, aus Mangel von Gemächlichkeit und Lebensmitteln übergeben. Ich hätte meine linke Hand gegeſſen, um mit der rechten noch zu streiten.

CHARON.

Ein ganz befonderer Mann! Du hätteft den Galgen oder den Thron verdient, Katilina! Das Ruder wäre eine Begnadigung für dich gewefen.— Doch komm, und lafs dich begnadigen! Du bift ftark und nervicht, greif einmal das doppelte Ruder an, und verfuch' deine Kräfte! ich will dich mir vom Pluto zum Ruderer ausbitten, damit ich Alter ein wenig beym leichten Steuer ausruhen kann.

IV.

MEIN HERR AUFSEHER!

Die Mühe, welche fich Ihre Vorgänger, der *Zufchauer* und der *alte Auffeher*, um die Verbefferung der Sitten gegeben, ift nicht fruchtlos gewefen. Befonders hat das fogenannte fchöne Gefchlecht feitdem feine Hälfe und Waden wieder bedeckt, davon erftere immer länger wurden, und letztere immer mehr zum Vorfchein' kamen, fo dafs, wenn die Kleidung von unten und oben noch immer mehr zufammen gefchrumpft wäre, die Damen endlich zu dem Feigen-

blatte ihrer erften Mutter zurück gekommen
wären. Die ungeheuren Fifchreufen, darinn
oft ein ungeftalter Fifch fteckte, ich meyne,
die Reifröcke, find durch die witzigen Spöttereyen diefer Ihrer Vorgänger auch aus der
Mode gekommen.

Auch die eiferfüchtigften Ehemänner fa-
hen endlich ein, dafs Pope recht gehabt,
davon zu fagen:

Diefes fiebenfache Bollwerk widerfteht nicht
ftets der Lift,
Ob es gleich durch Wallfifchrippen und durch
Reifen furchtbar ift.

Sie widerfprachen alfo der Demolirung diefes Bollwerks nicht mehr, und man fieng
an, fich natürlicher zu kleiden. Die Ama-
zonenkleidung, die, nebft einigen andern,
feitdem aufgekommen, fo männlich fie auch
ausfieht, fieht doch nicht buhlerifch, fondern fittfam genug aus, indem fie die Hälfe
und Beine verkürzt. — Allein, welcher
Geift der Frechheit mufs den Schönen ein-
gegeben haben, dafs eine jede Perfon, die
einen Hut aufhabe, auch reiten müffe!

Sie galoppiren itzo, traverfiren, und
tummeln ihre Pferde trotz einem Küraffie-

rer, und man hört fie von Karriere und Karakol fprechen, und mit diefen Kunftwörtern der Reitkunft, gleich einem Stallmeifter, in Gefellfchaft um fich werfen. Mann kann von ihnen fagen, was einer unfrer Dichter von einem andern fagt, der Befchreibungen von Turnieren u. d. gl. gemacht hatte:

    — — — — Wer ift, der fo, wie du,
    Der Pferde Köpf' und Sitten alle kennet,
    Du Pferdebändiger? — —

Was ift ein größerer Beweis, dafs nichts auf der Welt fo ausfchweifend ift, dazu fich die Menfchen nicht verleiten laffen, als diefes, dafs das fchöne Gefchlecht, welches fein ganzes Leben durch auf alle möglichen Mittel zu gefallen finnt, und faft ganz allein darauf finnt, durch nichts aber fo fehr gefällt, als durch Sittfamkeit, dafs diefes Gefchlecht auf Ausfchweifungen geräth, die der Sittfamkeit, und feinem Endzwecke zu gefallen, fo fehr entgegen find! — St. Evremond glaubte, dafs die Gelehrfamkeit eine Frau ziere, fo wie ein Stutzbart fie zieren würde: (welches doch ohne Einschränkung nicht zugegeben werden kann) was würde er nicht sagen, wenn er itzt auflebte, und eine unserer Amazonen einen Springer reiten sähe! Käme ihm zu gleicher Zeit einer von unsern geschminkten und mit Schönpflästerchen schattirten jungen Herrn vor die Augen: würde er nicht des ältern Plinius Erzählungen von verwandelten Männern in Frauen, und Frauen in Männer, für wahr halten und glauben, daß diese Art wieder aufgelebt wäre?

Doch das mindere Gefallen ist der geringste Schaden, den sich das schöne Geschlecht durch diese allzumännliche Aufführung zuziehen kann. In welche Gefahr geräth es nicht, wenn sein Blut, durch die heftige und ungewohnte Bewegung, in Wallung gebracht wird! — Ich habe einen verbuhlten jungen Herrn gekannt, der keiner Dame lieber die Aufwartung machte, als wenn sie eben vom Pferde gestiegen war, und er sagte, daß er niemals glücklicher gewesen, als bey solcher Gelegenheit. —

Sie werden der Sache weiter nachdenken, mein Herr Aufseher, besonders da Sie selber eine Schwester haben, die gern als eine Amazoninn reitet; und wie ich hoffe, werden Sie der weiblichen Welt ihre Betrachtungen darüber nicht mifsgönnen. Sie sind diefes dem Nutzen der Hälfte des menschlichen Geschlechts, allen ehrlichen Ehemännern, und sich felber schuldig.

Ich bin u. s. w.

Berlin, den 10. May 1759.

Leberecht Fuſsgänger.

V.

Ich habe einen Freund, der ein Engländer und Dichter und ein befonderer Liebhaber vom Spazierengehen ift. Neulich, als ich ihn des Abends in feiner Behaufung vergeblich gefucht hatte, fand ich ihn im Walde auf einem Felshügel im Grafe ruhen, bey einem kleinen Bach', der unter einer Decke von wilden Rofen hervor schiefst, und, in Wafferstaub und Schaum aufgelöft, in's Thal fällt. Das Geräufch des Wafferfalls verhinderte ihn, meine Ankunft zu hören. Ich fchlich mich hinter feinem Kopfe heran, und ward gewahr, dafs er in feine Schreibtafel, unter lautem Seufzen, und mit Vergiefsung einiger Thränen

die lezten Zeilen einer Poeſie ſchrieb. —
Nun wollte er aufſtehen, und ſah mich. —
Sind Sie ſchon lange hier? ſagte er etwas
erröthend; ich habe Sie nicht kommen
hören. Seitdem Sie ſo laut ſeufzten, bin
ich ſchon hier, antwortete ich, und als
ihnen Zähren auf die Schreibtafel fielen.
Der ſchöne Frühling und dieſer ſchöne
Frühlingsabend, verſetzte er, hat mich in
eine ſo angenehme Wehmuth gebracht, daſs
ich nicht widerſtehen konnte, einige meiner Empfindungen niederzuſchreiben, und
dabey kann ich in Gedanken geſeufzt haben. Er theilte mir hierauf ſeine Arbeit mit,
und wird mir verzeihen, daſs ich ſie in
einer ſchwächern proſaiſchen Überſetzung
bekannt mache.

„Wie ſanft rauſcht dieſer Waſſerfall, und
„hört nicht auf zu rauſchen! Wie zittert
„ſeine Flut im Thal' unter Blumen fort, die
„ſich über ſeine Fläche biegen! Noch vor
„kurzem ſtürzte er unter einem Bogen von
„Eiſe hervor; die Erde lag traurig und be-
„trübt, in eine weiſse Todtenkleidung ge-
„hüllt. Büſche und Wälder waren mit
„Flocken beſchleyert, und von ihren ſin-

,,genden Bewohnern verlaſſen. Die ſtar-
,,ken Leiber der Stiere und der Hirſche
,,waren mit Reif und Eiſe begoſſen, daſs
,,ſie wie in tönenden Panzern einhergien-
,,gen. Alle Geſchöpfe fühlten die Laſt des
,,Winters. — Wie gnädig iſt Gott! wie ver-
,,jüngt und erquickt er alles, was lebet!
,,Denn Er war es, der mit allmächtiger
,,Hand den Laſten der Weltkörper den er-
,,ſten Schwung ertheilte, durch den ſie ewig
,,in ihrem Gleiſe laufen, und die Abwech-
,,ſelung der Jahrszeiten hervorbringen. —
,,Die röthere Sonne ſieht itzo die grüne und
,,blühende Erde im Meer' ihrer Stralen um
,,ſich'ſchwimmen. Der Wallfiſch ruht auf den
,,wärmern Fluten gleich einer ſchwimmen-
,,den Inſel, oder ſtürzt ſich in den Abgrund
,,des Meers, und erregt Strudel, indem er
,,ſcherzt; und der Nautul iſt ſich ſelbſt wie-
,,der Schiff, Ruder, Segel und Steuermann.
,,Unzählbares Geflügel, das unſere Fluren
,,verlaſſen hatte, eilt itzo fröhlich über's
,,Meer heran, und reitet gleichſam in Heeren
,,auf den unſichtbaren Wellen der Luft. Alle
,,Wälder erſchallen von Tönen fröhlicher
,,Bürger. Der Elephant und alle ungeheuren
,,Thierberge, das mannigfaltige kleine Vieh,

,,und alles Gewürm, das in der Erde, das in
,,den Bäumen der Wälder, das in der Luft
,,und in den Waſſern lebt, fühlt den mäch-
,,tigen Hauch des allbelebenden Frühlings.
,,O danket dem Herrn und preiſet ſeinen
,,Namen, alle die ihr ſeine Gnade fühlt.
,,Ein allgemeines Konzert ſteige von euch
,,zu ſeinem Throne empor! Leiht mir eure
,,Stimmen, ihr Donner, die ihr itzo wie-
,,der in den Lüften wohnet, das Lob des
,,Herrn der Erde zu verkündigen! — Und
,,o! wie reizend funkelt dort der Abend-
,,himmel in purpurfarbnem und goldnem
,,Lichte! Dort gleicht er einer Landſchaft
,,voll Wieſen, voll Wälder, voll Berge,
,,voll Seen; und dort einem Meere voll
,,feuriger Wellen. Holde Gerüche verbrei-
,,ten ſich, und eine tiefe Stille herrſcht über-
,,all, die nur vom Gemurmel des kleinen
,,Bachs geſtöret, und von Zeit zu Zeit von
,,dem melancholiſchen Liede der Nach-
,,tigall unterbrochen wird, und von einer
,,ländlichen, ſeufzenden Flöte.— Sey ru-
,,hig mein Herz! ſey ruhig wie die Luft!
,,und ſey es immer! nie empören ſich ſtür-
,,miſche Leidenſchaften in dir, aufſer Haſs
,,und Zorn gegen Ungerechtigkeit und La-

„fter! — Herr, der du mir den Morgen „und Mittag meines Lebens ertragen halfft, „lafs den Abend deffelben, der fich mit ge- „fchwinden Schritten nahet, ach lafs ihn „fchöner, als den Tag, feyn! Lafs mich, „wenn er kömmt, fo wie den fterbenden „Tag, vor Freude glühen, dafs ich deine „Wohnungen, dafs ich deine Herrlichkeit „fehen foll. — Und ihr, meine Freunde, die „ihr mir Glück, Ehre, Reichthum, und al- „les waret, die ihr meine Fehler und „Schwachheiten, um meines Herzens wil- „len, überfahet, weint dann einige Thrä- „nen um mich, wann meine fchon halb ge- „brochenen Blicke entzückt um den Him- „mel taumeln werden."

VI.

Es ift ein Glück für das menfchliche Gefchlecht, dafs, bey den unter ihm eingeriffenen Laftern, die Neigung zur Wolluft viel gemeiner ift, als die Ehrfucht und die Neigung zum Gelde; fo dafs man wohl hundert Wollüftige (deren Hauptneigung die Wolluft ift) gegen zehn Ehrgeizige und gegen Einen Geldgeizigen (deren Hauptleidenschaft Ehrgeiz und Geldgeiz ist) unter ihm antrifft. Die Habsucht ist der Gesellschaft und der Harmonie und Glückseligkeit des Ganzen so zuwider, dass die Menschen entweder sehr elend seyn würden, oder dass ihr Geschlecht ganz untergehen müsste, gesetzt auch, dass es sich durch die Zeugung fortpflanzte, wenn mehrere Geizhälse darunter vorhanden wären. Neid, Hass, Verleumdung, Verfolgung, Arglist, Betrug, Diebstahl, und endlich Mord und Blutvergiessen, würden die Welt alsdann zu einer Mördergrube machen; und es wäre dann erträglicher, in Wüsten, unter lauter Schlangen und Skorpionen, Löwen und Tigern, als unter Menschen, zu wohnen. Und was der Ehrgeiz für Unglück stiftet, braucht keines Beweises. Wem die Geschichten der Welt ein wenig bekannt sind, findet, dass oft der Umsturz gewaltiger Reiche, allgemeines Elend, und die Vergiessung des Bluts von Millionen Menschen, durch diese Leidenschaft ist verursachet worden. Indessen ist ein kleines Übel allemal ein Übel und der übertriebene Hang zur Wollust verleugnet seine Natur eines Lasters nicht, und wirkt gleichfalls nicht wenig Böses. Nicht zu gedenken, daſs es um alle Künſte und Wiſſenſchaften übel ausſęhen würde, wenn lauter Wollüſtlinge die Erde bewohnten, die ſich aus Haſs gegen die Anſtrengung, und aus Liebe zur Gemächlichkeit, bald um alle Gemächlichkeiten, ja gar um die Nothdürftigkeiten des Lebens bringen würden; ſo frage ich nur: Iſt wohl jemand unglücklicher, als diejenigen, die nichts, als angenehme Empfindungen, die nichts, als die höchſte Wolluſt ſuchen? Denn ſo bald ihnen angenehme Empfindungen abgehen, verfallen ſie in Traurigkeit und Schwermuth. Und wie ſollten ſie ihnen nicht bald abgehen, da gemeiniglich heftige Vergnügungen, die die ganze Seele erſchüttern, und gleichſam in jeder Nerve gefühlt werden, ihr ganzer Wunſch, unſchuldige aber für ſie zu matt und unſchmackhaft ſind? Grauſame Krankheiten, Abnahme der Kräfte des Leibes und des Gemüths, Verluſt der Ehre, des guten Namens und des Vermögens, ja oft der Ruin ganzer Familien, ſind unausbleibliche Folgen ihrer Ausſchweifungen. Alsdann gehabt euch wohl, angenehme Empfindungen! Unruhe, Angſt und Verzweiflung hat itzo euren Platz eingenommen, und die Seele des Wollüftlings überfallen, der dabey doppelt unglücklich ift, je weniger er diefer Feinde feines Glücks gewohnt war. — Zwar leben die Menfchen zum Vergnügen; denn der gütige Schöpfer hat uns aus Liebe aus dem Nichts hervorgerufen: allein beftehet diefes Vergnügen in der Unzucht? oder darinn, dafs wir unfern Leib zu einem Keller, und unfer Leben zu einem langen Baffetfpiele machen? Sind keine unfchuldigern Vergnügungen und Freuden möglich? Der Umgang mit vernünftigen Freunden ift ein weit mannigfaltiger Vergnügen, und kann uns, ohne Wein und Spiel, mit Freuden überhäufen. Und wahre Freunde werden keinem fehlen, der fie zu haben werth, und felbft ein Freund zu feyn fähig ift. Überdem bietet uns das groffe Reich der Natur und der Künfte taufend erlaubte Ergetzlichkeiten dar:

Sieh! uns winkt die Natur. Mit unausfprechlicher Anmuth
Haucht fie Zufriedenheit aus. Sieh, wie der ruhige Himmel

Wolkenlos durch die geselligen Zweige der
Linden herabsicht!
Alles jauchzt Freude, und ladet zur Lust.—

WIELAND.

Für uns düften die Blumen; für uns rauscht
der sich schlängelnde Bach unter einem dunkeln Gewölbe von belaubten Bäumen fort,
das von dem Gesange der Vögel erschallt;
der Felder und Auen beblümte bunte Decken prangen für uns; für uns bemalt die
Sonne den östlichen Himmel mit Gold und
Purpurfarbe. Alles, wohin wir die Augen,
worauf wir die Gedanken richten, alles
füllt unser Gemüth mit Freude und Entzückung. Und was gewähren uns die Künste nicht für Vergnügen! was für ein weites
Feld angenehmer Beschäftigungen eröffnen
sie uns nicht! Wir sind ja nicht nur zum
groben Gefühle der Sinne, sondern auch
zum Denken und Wirken erschaffen; und
nur durch Arbeitsamkeit und vernünftige
Handlungen gelangen wir zu einer wahren
und dauerhaften Gemüthsruhe. Der Wirksame, der Tugendhafte, kann mit Recht
sagen, und es in Erfüllung bringen, was

der bekannte Herzog von Orleans, Regent von Frankreich, gesagt hat:

> Ich will mich stets bey jeder kleinen Gabe,
> Die mir der Himmel giebt, erfreun;
> Ich will den Weg, den ich zu laufen habe,
> Mit Blumen mir bestreun.

Folgenden Brief, den ich vor einigen Tagen erhalten habe, kann ich nicht umhin, meinen Lesern bey dieser Gelegenheit mitzutheilen:

MEIN HERR,

Da ich eben sowohl auf den Nutzen des menschlichen Geschlechts bedacht bin, als Sie, aber keine Gelegenheit habe, meine Absichten allenthalben bekannt zu machen; so ersuche ich Sie, dieses statt meiner zu verrichten. Ich habe seither durch Verfertigung gläserner Augen, weisser und rother Schminke, einfacher und doppelter Busen, dem menschlichen Geschlechte zu dienen gesucht: allein die vielen Pfuscher und Affen meiner Kunst haben verursacht, dafs ich den Preis meiner Waaren um ein merkliches habe herunter setzen müssen. Itzt bin ich auf eine

Erfindung gefallen, davon ich nicht allein
der Welt, fondern auch meinem Beutel vielen Vortheil verfpreche. Ich habe in unferer Stadt manche Leute beiderley Gefchlechts
ohne Nafen herumwandern fehen, und daher eine Art Nafen von leichtem Holze zu
verfertigen angefangen, die ich mit Drat an
die Überbleibfel der weiland fleifchernen
Nafe befeftige, und ihr derfelben Farbe gebe, fo dafs man fchwören follte, die alte
Nafe fey wieder hervorgewachfen. Dafs diefe
Erfindung von Wichtigkeit und Nutzen fey,
werden Sie felber einfehen, und daher fo
gütig feyn, meine Nafenfabrik durch ihre
vielgeltende Empfehlung in Aufnahme zu
bringen. Ein jeder wird nun doch wieder
feine Nafe tragen können, wie es ihm beliebt: welches feither manchem nicht möglich war; und niemand wird mehr fo eckelhaft ausfehen, als bisher viele. Ein gewiffer Mann, den eine gewiffe Wolluft um feine
Nafe gebracht hatte, ward von einem Wollüftlinge anderer Art, von einem Säufer,
dieferwegen fehr verfpottet. Jetzt habe ich
dem Verfpotteten, um ein billiges, wieder
zu feiner Ehre geholfen, und fein Spötter,
diefes ungeheure Weinfafs mit Armen und

Beinen, sollte viel darum schuldig seyn,
wenn er ihm an gutem Ansehen gleich käme. Sagen Sie dieses alles doch der Welt,
und schaffen Sie meinem Talente dadurch
seine Belohnung; welches Sie zu thun schuldig sind, im Fall'Sie das wirklich sind, wofür
Sie sich ausgeben. Sagen Sie ihr auch, daß
nicht allein diejenigen, die ihre Nase verloren haben, bey mir dergleichen wieder
kaufen können; sondern daß auch alle,
die in Gefahr stehen, sie künftig zu verlieren, sehr wohl thun würden, wenn sie sich
bey Zeiten damit versorgten. Sie erhalten
dadurch den Vortheil, daß ich das Modell
nach ihrer jetzigen Nase nehmen kann, und
daß ich nicht, statt einer ehemaligen Habichtsnase, eine Stumpfnase ansetze. Ich bin,

MEIN HERR,

Ihr sehr verbundner Diener,

Nicolas Postiche,
Galanteriefabrikant.

P. S. Sie wiſſen, daſs eine üble Krankheit Gelegenheit zur Erfindung der Perüken gegeben; indeſſen ſind ſie ſo ſehr Mode geworden, daſs ich in gewiſſen Handelsſtädten oft zu jemandes Lobe habe ſagen hören: Er iſt ein artiger Menſch, er trägt eine Perüke, und alles ſteht ihm wohl an. Wenn Sie die Sache mit Nachdruck treiben, ſo hoffe ich, daſs, obgleich eine noch üblere Krankheit mir zu meiner Erfindung Anlaſs gegeben, es doch noch mit der Zeit auch bey uns heiſsen ſoll: Er iſt ein artiger Menſch, er trägt eine gefärbte Naſe, und alles ſteht ihm wohl an.

VII.

Das Publikum iſt zuweilen ziemlich undankbar gegen die Bemühung verdienſtvoller Schriftſteller; und es ſcheint, als wenn ſie nothwendig erſt todt ſeyn müſsten, ehe die Welt geſteht, daſs ſie ſchön geſchrieben haben. Gewiſſe eingebildete Kritiker, die ihren Geſchmack entweder nach dem Geſchmacke einer einzigen Nation, oder auch nach einigen wenigen Lieblingsſchriften ihres eignen Volks gebildet, und wenig allgemeinen Verstand haben, tadeln alles, was ihnen fremd ist; und wie viel ist ihnen nicht fremd! Ihr zuversichtiges Urtheil giebt indessen andern noch kurzsichtigern den Ton, und es ist nichts seltnes, dafs man auf diese Weise von Meisterstücken als von etwas Mittelmäſſigem sprechen hört. Der Verfaſſer der vortrefflichen Kriegslieder, welcher längst als unser deutscher Anakreon und Katull bekannt gewesen, und dem es beliebt hat, sich anitzo als einen preufsischen Grenadier zu zeigen, hat dieses auch erfahren, so bald er die leichtere Bahn verlassen. Da er im Namen eines Grenadiers geschrieben, hat er keine zierliche Hoffsprache, sondern die Sprache eines Soldaten schreiben müſſen, und dieses hat die galante Welt wider ihn aufgebracht.

Die galante Welt sey indessen so gütig und sage was Erhabneres, als was der Verfaſſer von dem Könige, im Lowositzischen Schlachtgesange, sagt:

> Frey, wie ein Gott, von Furcht und Graus,
> Voll menschlichen Gefühls,
> Steht er und theilt die Rollen aus
> Des groſsen Trauerspiels.

Dort, spricht er, stehe Reuterey!
Hier Fufsvolk! Alles steht
In grosser Ordnung, schreckenfrey,
Indem die Sonn' aufgeht.

So stand, als Gott der Herr erschuf,
Das Heer der Sterne da;
Gehorsam stand es seinem Ruf'
In grosser Ordnung da.

Und wie dieses, im Rofsbachischen Schlachtgesange:

Vom sternenvollen Himmel sahn
Schwerin und Winterfeld
Bewundernd den gemachten Plan,
Gedankenvoll den Held.

Gott aber wog, bey Sternenklang,
Der beiden Heere Krieg;
Er wog, und Preufsens Schale sank,
Und Östreichs Schale stieg.

Und wie viel Hoheit herrscht nicht in dem Gedicht' an die Muse nach der Schlacht bey Zorndorf! Der feindliche Schwarm zog

- - - - - - langfam fo daher,
Wie durch fruchtbares Feld in Afrika
Giftvoller großer Schlangen Heere ziehn;
Da ſteht auf beiden Seiten ihres Zugs
Erſtorbnes Gras, da ſteht, ſo weit umher,
Als ihre Bauche kriechen, alles todt:
Von Memel bis Küſtrin ſtand Friedrichs Land
So da, verwüſtet, öde, traurig, todt!

Man ſtelle ſich hier ein Heer großer Schlangen vor, davon eine mit einemmal' einen Menſchen verſchlingen kann, dergleichen es wirklich in Afrika giebt; welch ein Bild! welch ein Gleichniſs! - - - Und wie unvergleichlich iſt dieſe Stelle, da der große Friedrich in den Aſchenhaufen Küſtrins Thränen fallen läſst:

- - - - - - Ein König weint?
Gieb ihm die Herrſchaft über dich, o Welt!
Dieweil er weinen kann.

Wie fürchterlich iſt dieſe Beſchreibung:

Aus einem Strome ſchwarzen Mörderbluts
Trat ich, mit ſcheuem Fuſs', auf einen Berg
Von Leichen, ſahe weit um mich herum u. ſ. w.

Ich müfste viel abfchreiben, wenn ich alles Schöne, Grofse und Rührende anführen wollte. Es wäre zu wünfchen, dafs alle unfere Dichter dem Verfaffer der Kriegslieder an Naivität und Hoheit der Gedanken gleich kämen, und das Erhabne in diefem Tone und mit fo fimpeln Worten ausdrückten; anftatt dafs viele derfelben für eine gewiffe *poésie epithetée*, wie fie die Franzofen nennen, zu fehr eingenommen find, und jedes Hauptwort an einem Beyworte, das ihm gleichfam zur Krücke dient, dahin hinken laffen. England hat freilich groffe Geifter gezeugt, Griechenland und Rom aber gröffere; und wir würden wohl thun und gröffer werden, wenn wir ehe den Griechen und Römern, als den Engländern folgten, welche die Beywörter, die Metaphern, und überhaupt alle fchimmernden Ideen zu fehr häufen, und der Natur weniger getreu find.

VIII.
GEDANKEN ÜBER VERSCHIEDENE VORWÜRFE.

Der Schmerz macht, daſs wir die Freude fühlen, ſo wie das Böſe macht, daſs wir das Gute erkennen. Iſt denn für uns ein Zuſtand von immerwährendem Vergnügen möglich, den wir immer wünſchen und immer hoffen?

Diejenigen, die abwechſelnd Schmerz und Vergnügen fühlen, ſind nicht ſo glücklich, als die, welche wegen vieler Geſchäfte, oder vermöge ihrer Gemüthsart, beides nicht fühlen. Wie glücklich iſt man in der Kindheit, da man ſich noch nicht fühlt! Wie glücklich iſt der Landmann, dem ſeine Tage über ſeiner Arbeit dahinſtreichen!

Wäre kein Schmerz in der Welt, ſo würde der Tod alles aufreiben: wenn mich eine Wunde nicht ſchmerzte, würde ich ſie nicht heilen, und würde daran ſterben.

Unter den Unglücklichen beklagt man die am wenigſten, die es durch ihre Schuld geworden ſind; ſie ſind aber am meiſten zu beklagen: der Troſt eines guten Gewiſſens fehlt ihnen.

Oft ertragen wir grofses Unglück, und mäfsigen uns im heftigen Zorn'; bald darauf reifst uns ein kleiner Unglücksfall, eine geringe Beleidigung, aus allen Schranken. Die Seele ift fchon vorher voll von Schmerz gewefen, der, nur um ein weniges vermehrt, wie ein Strom aus feinen Ufern fchwillt, und die Schleufen durchbricht.

Es ift unmöglich, dafs ein Menfch von gutem Charakter nicht follte vergnügter feyn, als ein andrer, von einem fchlechten Charakter: Freundfchaft, Liebe und Gutthätigkeit, Mitleiden, Dankbarkeit, Grofsmuth, die ein gutes Gemüth wechfelsweife fühlt, find viel zu angenehme Empfindungen, als dafs fie es traurig laffen follten.

Woher kömmt es doch, dafs wir ehe eine fchiefe Seele ungetadelt laffen, als eine fchiefe Verbeugung?

Das bloffe Aufhören des Schmerzens ift die gröfste Wolluft. Aller Schmerz ift leichter zu ertragen, als man es glaubt. Ift er zu heftig, fo kann er nicht lange dauern: ift er es nicht, fo kann man ihn fchon aushalten, ob er gleich lange dauert.

Niemand lebt, der nicht einmal ruhig zu feyn gedenket. Auch diejenigen, die mit der gröfsten Heftigkeit Tag und Nacht arbeiten, ihr Glück zu machen, haben diefen Vorfatz. Der Tod übereilt fie aber oft.

Je mehr Verftand jemand hat, je beffer wird fein Herz feyn. Was ift ein guter Gemüthscharakter anders, als gute Begriffe von Schönheit, Tugend, Glückfeligkeit? von dem was edel und grofs ift, und die Harmonie der Welt befördert? Übelgefinnt feyn, heifst übel denken.

Veränderung ift angenehm und der menfchlichen Natur nothwendig, wenn fie auch zum Schlimmern ift.

Wollüftige Leute haben gemeiniglich nur fo viel Verftand, als fie zu ihrer Wolluft gebrauchen.

Eine gewiffe Art Leute, die viel Vernunft haben wollen, die fie nicht haben, und die ihrer heftigen Leidenfchaften, und ihrer Lafter wegen, unglücklich find, fchieben die Urfach' ihres Unglücks immer auf die Vernunft. Thörichter Selbftbetrug! Macht uns nicht die Tugend glücklich? Und ift tugendhaft handeln, und vernünftig handeln, nicht einerley?

Ich kenne einen Mann, der fich viel zu feyn glaubt, aber fo wenig ift, dafs er Schriften, worinn nur etwas gedacht ift, und befonders Poefien, wenn fie auch leicht find, nicht verfteht. Diefer fagte mir einmal, da jemand von der Poefie fprach, im Vertrauen in's Ohr: dafs alle Poeten nicht wüfsten, was fie fchrieben, und dafs alle diejenigen, die vorgäben, dafs fie die Poefien verftünden, folches aus Eitelkeit thäten. So geneigt ift man, ehe der ganzen Welt den Verftand abzufprechen, als zuzugeben, dafs andere mehr find, wie wir.

Wer verlangt, dafs man ihn feines Reichthums wegen verehre, der hat auch Recht zu verlangen, dafs man einen Berg verehre, der Gold in fich hat.

Wer fich viel über Undankbarkeit befchwert, ift ein Taugenichts, der niemals aus Menfchlichkeit, fondern aus Eigennutz, andern gedienet hat. Wenn man es für eine Schuldigkeit hält, zur Glückfeligkeit der Menfchen, fo viel man kann, beyzutragen; fo wird man fich nicht darum bekümmern, was die Gutthaten für eine Wirkung auf der andern Gemüther, in Abficht unfer, hervorbringen. Ein ehrlicher Mann kann den bloßen Gedanken nicht leiden, dafs jemand gegen ihn undankbar fey.

Leute, die bey der erften Bekanntfchaft, die man mit ihnen macht, all ihr Wiffen auskramen, find gemeiniglich fchlechte Gefellfchafter. An eigenem Witz' leiden fie gemeiniglich Mangel, und weil fie den fremden verfchwendet haben, find fie hernach Figuranten in der Gefellfchaft.

Es ift eine falfche Maxime, dafs man alle Verbrechen das erfte Mal gelinde beftrafen foll. Man beftrafe fie hart, damit die Vorftellung der Strafe ftärker werde, als die Vorftellung der Luft, die das Verbrechen wirkt. Lafter, die zur Gewohnheit geworden find, find nicht auszurotten. Späte Strafen find wie fpäte Arzeneyen.

Wer zu viel Ränke macht, macht keine: man wird fie gewahr und lacht ihren Urheber aus.

Verftellung ohne Noth ift ein Lafter und eine Niederträchtigkeit; in der Noth, wenn man fich und andere dadurch erhält, oder glücklicher macht, ift fie eine Tugend.

Ein jeder fcheut natürlicher Weife den Tod. Wenn ihn alfo ein Krieger, oder fonft jemand verachtet, mufs ihn die Ehre dazu treiben. Grofse Herzhaftigkeit heifst grofse Furcht, feine Ehre zu verlieren.

Junge Leute von übler Gemüthsart sollten sich immer einem Stande widmen, der sie nöthiget, tugendhaft zu seyn. Kleon ist voller Ränke, hochmüthig, eigennützig und ein Menschenfeind. Wäre er ein Staatsbedienter geworden, hätte er alles in Verwirrung gesetzet, und tausend Unglückliche gemacht. Er ist ein Priester, dient den Menschen, und vertheidiget die Religion.

Gelehrte betrügen sich gemeiniglich am meisten im Urtheilen über Menschen. Sie sind mit ihrer Unsterblichkeit beschäftiget, und geben sich nicht die Mühe, das Innere des Menschen zu untersuchen.

Der Charakter der Menschen ist ihren Gesichtern eingepräget. Alle Leidenschaften verursachen besondere Züge in dem Gesichte. Sind sie von langer Dauer, so werden die Züge unauslöschlich.

Leute von grossen Talenten haben grossen Verstand. Sie müssen alle Wissenschaften und Künste übersehen können, um in einer glücklich zu seyn, wegen der Verwandtschaft, worinnen sie mit einander stehen. Man wendet ein, Kajus habe ein Talent zur Musik, er sey aber von sehr eingeschränktem Verstande. Allein wie gross ist das Talent des Kajus? setzt er? und wie setzt er? unterscheidet er die Leidenschaften genau, eine von der andern? drückt er sie gehörig aus? rühret er? Er hat so viel Talent, ein Tonkünstler zu seyn, als der Affe, ein Mensch zu seyn.

Nur grosse Geister, die den Zusammenhang der Welt, und alle Wissenschaften übersehen, sind zur Freundschaft vermögend; denn nur die können sich hochschätzen.

Alles, was möglich ist, trägt sich auf der Welt, in der Folge der Zeit, endlich zu. Daher entstehen ewige Veränderungen der Reiche, der Sitten, der Künste, der Nationen. Wem von der unendlichen Menge nur die wenigen Geschichten, die uns die Zeit gegönnet hat, bekannt sind, und wer dabey den Vorwurf des Möglichen bedenkt, dem wird keine neue Begebenheit, wie seltsam sie auch ist, wunderbar scheinen.

Ein jeder hat von Natur das Maaſs des Verstandes, das er haben soll. Die Erziehung kann die Verstandeskräfte, die in der Seele sind, entwickeln, aber die nicht hineinlegen, die nicht darinn sind.

Auf übermäſsige Freude muſs nothwendig, der menschlichen Natur nach, Traurigkeit folgen. Die Freude macht das Blut zu wallend, und diefes verurfachet eine unangenehme und fchmerzhafte Empfindung, welche Traurigkeit wirken muſs. Wer heftiger Leidenfchaften fähig ift, wird wiſſen, daſs er mitten in ſtarker Freude fchon Miſsvergnügen gefühlt habe. Eben diefe Bewandtniſs hat es mit allen übrigen heftigen Leidenfchaften: ein Beweis, daſs Tugend allein glücklich macht, die in der Mittelſtraſſe befteht.

Freundfchaft gründet fich auf Hochachtung, folglich auf Eigenfchaften des Gemüths; Liebe aber auf die Eigenfchaften des Körpers. Man kann gegen eine Perfon, die eine fchöne Seele hat, viele Freundfchaft hegen, aber nicht Liebe. Der Kuſs, den die Königinn Margaretha von Schottland dem gelehrten, aber übelgeftalteten Alain Chartier gab, war nur eine Grimaſſe.

Es giebt keine unbiegfamern und härtern Menfchen, als die immer mit Betrachtung ihres Unglücks befchäftiget find.

Groſſe Geifter werden oft durch die Noth gezeugt. Die unfruchtbarften Länder haben die gröſsten Beherrfcher. Ein Beweis ift Mofes, der Czaar Peter der erfte, und der König von Preuſsen.

Auch die gröſsten Männer müſſen Verachtung und Spott leiden, beſonders von Leuten, die nicht vermögend ſind, ihre Verdienſte einzuſehen, und die andere Begriffe und eine andere Denkungsart haben; von niemand aber werden ſie mehr verachtet, als von ſich ſelber.

Je weniger jemand iſt, je mehr Stolz wird er haben, und je geneigter wird er ſeyn, an andern Fehler, gute Eigenſchaften aber nicht, zu bemerken.

Tugend iſt eine Fertigkeit, die Harmonie der Welt zu befördern. Sie iſt kein leerer Name, ſie macht uns allein glücklich, denn ſie iſt allen Ausſchweifungen entgegen geſetzt: eine Moral, die in aller Munde iſt, die aber leider! wenig gefühlt wird! Ein Tugendhafter kann durch nichts erſchüttert werden; alles, was auſser ihm iſt, hat keine Macht über ihn: will das Glück, daſs er herrſchen ſoll, wird er ſich dieſes Zufalls bedienen, wie er muſs; ſoll er dienen, wird er gleich groſs, und beym Hirtenſtabe eben ſo glücklich, wie beym Zepter ſeyn. Nur Böſewichter ſind unglücklich: nur die verzweifeln bey widrigen Zufällen des Lebens.

Je tugendhafter jemand ift, defto angenehmer und leutfeliger wird er im Umgange feyn.

Was unvernünftig ift, kann nicht edel, und was vernünftig ift, nicht unedel feyn.

Die meiften Schriftfteller fchätzen niemand eher hoch, und halten niemand eher für ein Genie, bis er in hundert Bogen bewiefen hat, dafs er ein Narr fey.

Ein Menfch von gutem Temperament', und der ohne heftige Gemüthsbewegungen ift, darf fich nur leidend verhalten, um glücklich zu feyn. Die Natur bietet ihm taufend Annehmlichkeiten dar, die ihn nicht lange mifsvergnügt laffen können. Aber wehe dem, der fich heftigen Leidenfchaften überläfst! er kann nicht glücklich feyn, und eine unfehlbare Verzweifelung ift endlich, über lang oder kurz, das Ende feines Unglücks. Die Schönheiten des Gebäudes der Welt find zu fanft für ihn, als dafs er fie fühlen follte; für ihn riefeln keine Bäche, und düften keine Blumen; die Sonne färbt ihm keine Wolken; für ihn ift die Schöpfung todt.

Luftige Leute begehen mehr Thorheiten, als traurige; aber traurige begehen gröſsere.

Ein Rachgieriger lernt denjenigen bald verachten, den er haſſen gelernt hat.

Es iſt ein groſſer Troſt in Widerwärtigkeiten, wenn man ſich immer einige Jahre älter denkt: wer die Welt kennet, weiſs, was einige Jahre für Veränderungen machen.

Viele haben die Schwachheiten und Fehler groſſer Männer nicht an ſich; das macht, ſie haben den Verſtand derſelben gemieden.

Wer in Geſellſchaft ſeiner Freunde immer Worte wiegt, iſt ſelten ein wahrer Freund, und ſelten der Freundſchaft fähig; er denkt nur immer an ſich, und liebt ſich zu viel. Man muſs groſs genug ſeyn, ſich ſeinen Freunden zu zeigen, wie man iſt: verliert man ſie, um ſeiner Schwachheit willen, ſo iſt es ein glücklicher Verluſt, ſo ſind ſie niemals Freunde geweſen.

VARIANTEN

NACH DER BERLINERAUSGABE VOM JAHRE 1778.

Seite 3.
DER VORSATZ. *Iſt beygeſetzt:* Dem Herrn Uz zugeeignet.

S. 3. V. 5 bis 8.
Ermüde Famens willige Poſaune
Mit deinen Thaten; Land und Meer erſtaune;
Avernens Abgrund wird von dieſen Tönen
    Nicht wiedertönen.

S. 3. V. 9.
Und du, o Wuchrer! magſt mit Müh' entdecken

S. 4. V. 1 bis 4.
Gekrönter Pöbel, laſs in Marmorzimmern
Kriſtalle leuchten und Metalle ſchimmern;
Furcht, Unmuth, Reue ſind bey deinem Feſte
    Gewiſſe Gäſte.

S. 4. V. 5 bis 8.
Mir ſelbſt genugſam will ich dieſer Rotten
An hellen Bächen, wie mein Damon ſpotten;
Er liebt die Weisheit, liebt die goldnen Sitten
    Der Schäferhütten.

S. 4. V. 13 bis 16.
Er ſieht von oben Länder Hufen gleichen,
Und Städte Löchern: ſieht in allen Reichen,
Den heiſſen Durſt nach Erd' und Spreu zu
    kühlen,
  Ameiſen wühlen.

VARIANTEN.

S. 4. V. 18 bis 20.

Was wollt ihr kleinen Herrn der Welt be-
ginnen?
Wollt ihr des Erdballs mannichfache Zonen
Allein bewohnen?

S. 5. V. 1 und 3.

Zehntausend Tode lafst ihr, schnell zu siegen,
Ist eurem Hochmuth, bey der Länder Menge,

S. 5. V. 5 bis 8.

Ihr lafst erhabne Prunkgebäude gleissen,
Aus eitler Lust, sie wieder einzureissen;
Der Tod wird plötzlich euch auf längre Zeiten
Ein Haus bereiten.

S. 5. V. 9 bis 12.

Voll Muth ergoeift er die gerechte Leyer,
Bestraft des Lasters mächtig Ungeheuer,
Erhebt die Tugend, die stets unbelohnet
Im Staube wohnet.

S. 5. V. 13 bis 16.

Freund, lafs mich deine höhern Töne lernen,
Lafs meinen Geist sich von der Erd' entfernen!
Lafs mich dir nach auf nimmer müden
Schwingen
Zum Himmel dringen.

Hymne. S. 7. V. 7.

Und du, des Erdballs Herr, o Mensch! zerfleufs

S. 7. V. 13.

Erheb' ihn! doch zu deiner Seligkeit,

An Herrn Rittmeister Adler. S. 11. V. 9. u. 10.

Was hilft's, wenn künftig dein Grab ver-
goldte Waffen beschützen,
Wenn man aus Marmor dein Bild im furcht-
barn Panzer erhöht?

S. 12. V. 1.

Er sah nur Auen voll Blut, schlief, nur vom
Himmel bedeckt,

VARIANTEN.

Ode an die preufsifche Armee. S. 13 V. 9.
Der dürre, fcheele Neid treibt niederträcht'ge
Schaaren

Einladung auf's Land. S. 16. V. 16.
Die fchnelle Jacht.

S. 15. V. 16.
Und, fern von Neid,

Das Landleben. S. 21. V. 1.
O wohl dem Manne, dem nicht Feldpofaunen,

S. 21. V. 2.
Der Roffe Stampfen, Donnern der Kartaunen

S. 21. V. 12.
Schlaflofes Trauren.

S. 22. V. 2 bis 4.
Dem Meer entfteigend, lieblich niederfchauet,
Flicht er fein Lager, das nur Meyen fchmü-
cken,
Mit heitern Blicken.

S. 22. V. 7 und 8.
Hört im Gelifpel fanft bewegter Äfte
Sein Lob vom Wefte.

S. 22. V. 9.
Sicht Regenbogen auf dem Grafe blitzen

S. 22. V. 15 und 16.
Das itzt verfinket, itzt fich wiederfindet,
Und itzt verfchwindet.

S. 23. V. 1 bis 4.
Er fieht den Himmel weifs und wollicht
prangen,
Ihn weifs und wollicht in den Fluten hangen,
Noch eine Sonn' ihn dort mit Feuerftralen
Und Purpur malen.

S. 23. V. 9. und 11.
Nun pfropft er Bäume, leitet Waffergräben,
Nun tränkt er Pflanzen, zieht von Rofen-
ftöcken

VARIANTEN.

S. 23. V. 14.
Wo bey der Unschuld Fried' und Wollust wohnet,

S. 24. V. 2. und 3.
Denn Freud' und Arbeit würzt ihm Milch und Früchte;
Kein bang Gewissen zeigt ihm Schuld und Strafe

S. 24. V. 7.
Komm, Damon*) ruft uns, komm zum Sitz' der Freuden

*) Damon war der angenommene poetische Name des Herrn Lange, Predigers und Inspektors zu Laublingen, dessen erste Gedichte nebst den Gedichten des Herrn Pyra unter dem Titel: Thyrsis und Damons freundschaftliche Lieder, herausgekommen waren.

Hymne. S. 25. V. 16.
Den Thron des Herrn verhüllt sein eigner Glanz.

S. 26. V. 1.
O welch ein Gott, der bloß durch einen Ruf

S. 26. V. 7.
Sind ganz Gesang und Lob, und strömen durch den Himmel

Phyllis an Damon.

S. 29. V. 2.
Ich fühl', ich fühle, was dein Herz empfunden

S. 29. V. 4.
Zu gleicher Liebe.

Trinklied.

S. 32. V. 1, bis 3.
Sieh mich an, wie mir so schön
Myrtenlaub und Rose stehn,
Und so schnell die Tropfen gleiten

VARIANTEN.

S. 32. V. 5.
Zehnmal füllt' ich schon mein Glas
— — V. 7 und 8.
Zehnmal werd' ichs wieder füllen,
Und noch meine Luft nicht füllen.

Galathee.
S. 33. V. 8. und 9.
Allein sie zürnet, und entfliehet mir.
Hier will ich, welch ein Glück! da, wo sie
lag, mich legen,
— — V. 11 und 12.
Hier tret' ich, welch ein Glück! auf der be-
blümten Flur
Der schönen Füsse Spur.

Die Heilung.
S. 34. V. 5.
Es irrt' in allen Hecken

Liebeslied an die Weinflasche.
S. 40. V. 1.
Fiel Adam wohl, der Trauben gnug gegessen
— — V. 3.
Der Biss in Frucht, aus der wir Cider pressen.

S. 42.
Damöt und Lesbia führt noch die Aufschrift: Die
Verführung. Das: Nach dem Horaz: Donec gra-
tus eram tibi etc. ist hinweggelassen.
— — V. 2.
In dir hatt' ich ein irdisch Himmelreich.
— — V. 3 und 4.
Du liebtest mich; mein Kummer floh von
hinnen;
Durch dich war ich beglückter, als Göt-
tinnen.
— — V 5 und 6.
Nun fesselt mich Naidens holder Blick;

VARIANTEN.

In ihr find' ich mein jüngſt verlornes Glück.
S. 42. — — V. 7 und 8.
Nun ſtreb' ich nur, Amynten zu gefallen,
Und bin auf's neu die ſeligſte von allen.
S. 43. V. 1 und 2.
Wahr iſt's, daſs dir Naid' an Schönheit
gleicht;
Doch weicht ſie dir, wenn mir Amynt nur
weicht.
— — V. 3 und 4.
Du ſollſt von ihm mein Herz auf ewig erben;
Dein wünſch' ich nur zu leben, dein zu
ſterben.

Gedanken eines betrunkenen Sternſehers.
S. 44. V. 6.
Am Himmel gar zwey Sonnen!

Chloris.
S. 45. V. 9.
Zwey faſſen in den Augen
— — V. 12.
Zwey andre ſchoſſen Pfeile

Grablied. S. 46. V. 4.
In rother Tracht, mit goldnem Haar

Geburtslied.
S. 48. V. 23.
Wo ſich das Meer im Strudel dreht
S. 49. V. 2.
Zu rütteln ſcheint, indem du zürnſt
S. 49. V. 11.
So fehlt dir Geiſt, ſo fehlt dir Witz.
S. 50. V. 8.
Der Birken hangend Haar, du gehſt
— — V. 10 und 11.
Voll Ruh' einher, und athmeſt Luft,
Und ſieheſt einen Schmetterling

VARIANTEN.

S. 50. V. 16.
Es werden Wiesen dich erfreun
S. 51. V. 9.
Beselgen, und ein Trost dir seyn.
Milon und Iris.
S. 64. V. 1.
Mit Blüthen und mit goldnen Veilchen
schmückt;
S. 65. V. 18.
Sie seufzt' und ihre Brust empörte sich. —
— — V. 20.
Fragt' Iris. Aber sie erröthete
Amynt.
S. 66. V. 13 bis 16.
Nur Einen Blick, Ein Wort aus ihrem Munde,
Und, was mir oft das Leben wieder gab,
Nur Einen Kuss! dann schlage meine Stunde:
Mit Freuden tret' ich ab.
Irin.
S. 68. V. 4 und 5.
Zu legen, welches rings umher
Der nahen Inseln Strand umgab.
S. 69. V. 19.
und in noch schönern Gegenden
S. 72. V. 15.
Auch ihm Ein Frühlingstag zu seyn.
Emire und Agathokles. *)
S. 77. V. 1.
Emire fieng das Licht des Lebens an zu
hassen

---

*) Diese Erzählung ward mit andern Worten, und in Prose von dem Herrn Ramler aufgesetzt, der sie seinem Freunde zu einer Episode in dem Frühlinge zuschickte, sie in Hexameter zu bringen, und an dem Orte einzuschalten,

VARIANTEN.

wo von einem kleinen Eylande die Rede ist. Mit dergleichen rührenden Erzählungen, mit wohlgewählten Beyspielen aus der Geschichte der Völker, mit philosophischen Betrachtungen, besonders aus der Naturgeschichte, rieth er dem Verfasser, die haufigen Bilder in seinem Frühlinge zu untermischen, und das Gedicht mannichfaltiger zu machen. Es ware auch geschehen, wenn der Tod die beiden Freunde nicht getrennet hatte.

Die Freundschaft. S. 82. V. 1.
Leander und Selin, zwey Freunde, die
S. 83. V. 17.
Um dich zehnfache Todesangst gefühlt.
Arist.
S. 85. V. 9.
Er klagt' aus Ungeduld den Himmel an
An die Morgenröthe.
S. 93. V. 4.
Dann, Göttinn, laſs es später tagen.
S. 94.
Über die Statue der Venus, an die sich Amor schmiegt, von dem von Papenhoven, in dem Garten Sanssouci vor Potsdam.
Amor im Triumphwagen.
S. 95. V. 4 und 5.
Den Nestor mit bereiften Haaren,
Den Cäsar, den Bourbon sah ich wie Sklaven ziehn;
Marforius. S. 97. V. 5.
Er schalt das Lamm, den Hund, den Krokodill —
Auf die Arria.
S. 98. V. 4.
Gab sie den Dolch dem Mann, und sprach:
Es schmerzet nicht.

VARIANTEN.

Der Säufer zu dem Dichter. S. 102.
Beraufche dich, mein Freund, aus deiner
Hippokren,
Beraufche dich daraus! ich will in's Wein-
haus gehn.
Pettalus. S. 102. V. 2.
Vom Folard, Puifegür, von Widdern,
Spießen, Lanzen,
Lob der Gottheit. S. 110. V. 8.
Deines Mundes fanfter Athem, HERR! dein
mächtiges Geheifs.
S. 111. V. 11.
Du erfüllft die Welt mit Freude, wann die
Kälte fie befiegt,
— — V. 12.
Wann fie, eingehüllt in Flocken, wie in zar-
ten Windeln liegt.
S. 112. V. 12.
Ganze Wälder wirbelnd drehet, und wie
Faden fie zerreifst.
Sehnfucht nach Ruhe. S. 118. V. 12.
Das raufcht nnd zifcht auf Steinen voller
Glut.
S. 119. V. 17.
Uns fchliefst der Stolz in goldne Ketten ein
S. 123. V. 3.
Kein goldner Sand; dein Murmeln reizt
mich nur
Die Unzufriedenheit des Menfchen.
S. 130. V. 5.
Die Luftfphär' jegliches Sterns, betrachte des
Ganzen Verbindung
— — V. 8.
Ergründe mit kühnem Gefieder des dunkeln
Geifterreichs Tiefe

VARIANTEN.

S. 130. V. 11.
Dann ſtrafe, woferne du kannſt, die Vorſicht und Ordnung der Erde.
— — V. 12.
Willſt du die Urſach erforſchen, warum in den Reichen der Weſen
S. 131. V. 7.
Der Schöpfer iſt Liebe und Huld: nur jene ſind deine Tyrannen.
— — V. 11.
Was blickſt du hohnlächelnd herab, gebläht vom Dünkel des Wiſſens
S. 132. V. 9.
Die Hoffnung iſt mit verſcharrt, verſtopft der Zugang des Nachruhms
S. 133. V. 10.
Entflogene Zeiten, kommt wieder; oder verlaſst mich, ihr Leichen.
— — V. 13.
Für unſere Seelen zu klein, durchlebten wir Alter der Sterne;

Gemälde einer groſſen Überſchwemmung.
S. 136. V. 2.
Zum nahen Walde mit Schnauben, umklammerten Tannen und Fichten

Fragment eines Gedichts von den Schmerzen der Liebe. S. 140. V. 5.
Von Angſt und Schwermuth gerüttlet, erſtarrt von krampfigen Fieber.

Im Frühlinge. S. 144. V. 4.
Voll labyrinthiſcher Bäche! bethaute, blumichte Thäler
S. 145. V. 4.
Ihr, deren betrogene Seele, wie wolkige Nächte des Winters,

VARIANTEN.

S. 145 V. 10.
Und grünt, und rieselt im Thal. — Und ihr,
    Freundinnen des Lenzes.

S. 146. V. 2.
Zum Kranze Violen und himmelblaue Ver-
    gißmeinnicht pflücket.

S. 146. V. 3.
Hier, wo die Lehne des Felsen, mit immer
    grünenden Tannen

S. 147. V. 5.
Geführt vom ernsten Stier, des Meyerhofs
    büschige Sümpfe.

S. 150. V. 3.
Er schlag' im Palaste den Frevel, und helfe
    der weinenden Unschuld.

S. 150. V. 12.
Die Henne jammert am Ufer mit strupfigen
    Federn, und locket

S. 151. V. 1.
Durchplätschern die Flut, und schnattern im
    Schilf. Langhälsige Gänse

S. 151. V. 3.
Den zottichten Hund; nun beginnen ihr Spiel
    die gelbhaarichten Kinder

S. 154. V. 13.

*) Bis hieher gehen die letzten Verbesserungen, die dieses Gedicht erhalten hat; in dem Gedichte CISSIDES gehen sie bis an das Ende des ersten Gesanges. Der Dichter ware damit fortgefahren, wenn ihn der Tod des Helden nicht übereilet hatte.

S. 157. V. 8.
Die Stürme schweigen, Olymp merkt auf:
    das Abbild der Lieder

VARIANTEN.

S. 159. V. 6.
Blickt hin und wieder die Sonne, und übergoldet die Blätter.

S. 161. V. 1.
Ein Fluſs in's buſchichte Thal, reiſst mit ſich Stücke von Felſen.

S. 163. V. 4.
Der fern im Lindenbuſch laurte, dann ruhn die Lieder voll Freude,

S. 164. V. 5.
Dieſs zeugte den dumpfigen Schall im Bauche des Eichbaums. Es gleitet

S. 164. V. 9.
Vor Raub und Vorwitz ſie, voll ſüſſes Kummers, zu ſichern?

S. 165. V. 10.
Allein vom Verſtande gehört, verbreiten Heere Geſtirne

S. 167. V. 7.
Die bunte Gegend belebt. Hochbeinig watet im Waſſer

S. 167. V. 14.
Und hängen glänzend daran, wie Thau vom Mondſchein' vergoldet;

S. 170. V. 11.
Es lachen die Gründe voll Blumen, und alles freut ſich, als flöſſe

S. 170. V. 13.
Beladne Wolken vom Abend, und hemmen das Licht und ergieſsen

S. 170. V. 14.
Sich wieder in Seen und ſäugen die durſtigen Felder wie Brüſte. —

S. 171. V. 3.
Voll von den Saaten der Wolken, ſpielt blendend gegen die Sonne

VARIANTEN.

S. 171. V. 5.
Verjüngt, voll Schimmer, sanft lächelnd, voll
    lichter Streifen und Kränze
S. 171. V. 12.
Von farbigen Blumengebüschen und blühen-
    den Kronen der Sträuche.
S. 172. V. 3.
Grünt, seyd die Freude des Volks! dient mei-
    ner Unschuld in Zukunft
S. 172. V. 6.
Erquickung und Ruh' in's Herz; laſst mich
    den Vater des Weltbaus
Im Ciſſides und Paches. S. 175. V. 5.
Begeistre mich, damit der ehrne Klang
    — — V. 11.
Thessalien vom macedonischen
    — — V. 12.
Reich abzureiſsen, und versammelte
    S. 176. V. 11.
Nächst ihm sein Streitgefährte Paches, ihm
    — — V. 12.
An Tugend gleich, und gleich an Tapferkeit.
S. 180. V. 18.
Auf Eichen stürzt, und eine Bahn
S. 181. V. 9.
Nun drang mit seinen Helden Paches hin
    — — V. 23.
Leosthenes schnaubt Rache. Kaum erschien
S. 182. V. 3.
Als er dem Schlosse sich in Graben und
S. 184. V. 14.
Den unbezwungnen Zelon., der allein
S. 186. V. 12.
Und von dem Lande flieht, daſs Feld und
    Meer

VARIANTEN.

S. 187. V. 22.
Sie drückten sich die Hand, und eilten dann
S. 188. V. 2.
In Feuer, Steinen, Pfeilen sausete
— — V. 16.
Und eilte fort, und schöpft' in seinem Helm
S. 190. V. 14.
Die Paches fühlt. Er glaubt nur halb zu seyn.
— — V. 15.
Er wehklagt laut und irret wild umher,
S. 193. V. 10.
Brüllt dumpfig; tauber Lärm erfüllet weit
— — V. 19.
Danieder. Tiger sind so wütend nicht
S. 194. V. 21.
Was liegst du bey dem Todten? fragt man ihn.
Im Seneka. S. 203. Zeile 3.
heftiger worden seyn;
S. 204. Z. 4 bis 6.
Es war deiner Denkungsart .... würdig, dafs
du dich .... widersetztest.
S. 205. Z. 5.
könnte verlöscht werden! —
S. 212. Z. 2.
Ihn, der ehemals meine Lust,
S. 213. Z. 11.
Schone die gröfste menschliche Tugend!
S. 214. Z. 20.
Meine Verbrechen weifs ich nicht.
S. 215. Z. 7.
durch ihn das Leben verloren hat.
S. 223. Z. 16.
und alle seinem Blute zu erkaufen. —

VARIANTEN.

In den profaischen Auffätzen.

S. 237. Z. 15.
Er hat allen Armen von feiner

S. 237. Z. 22 bis 24.
die von einer kränklichen Leibesbefchaffenheit herkam, und

S. 239. Z. 18 und 19.
Handlungen vor Augen legten,

S. 241. Z. 15 und 16.
Um die Pracht der Pyramiden, und die Bildfäule Memnons

— — Z. 22.
Kaum waren fie dort angekommen

— — Z. 26 und 27.
und verfolgte feine Reife den Nil hinauf. Syrus

S. 243. Z. 13 und 14.
weil er auf die Reife faft alle fein Geld

S. 247. Z. 9 bis 12.
Das heifst: du haft gefchwelgt, und, um zu fchwelgen, haft du betrogen; alle Nächte mit Tanz

S. 249. Z. 23 und 24.
die einen Hut aufhat, auch reiten müffe?

S. 250. Z. 12 bis 14.
dafs nichts in der Welt fo ausfchweifend ift, wozu fich

S. 258. Z. 7 bis 8.
ja gar um die Nothwendigkeiten des Lebens

Aufser diefen Veränderungen hat die Berlinerausgabe um die gleichfolgende Gefchichte aus dem Kriege mehr, als die übrigen Ausgaben, deren Einfchaltung unter VIII. derfelben in den profaifchen Auffätzen noch die Numer IX. giebt.

VARIANTEN.

S. 269.

VIII.

GESCHICHTE AUS DEM KRIEGE.

Fünfhundert rebellische Soldaten sollten zugleich gerichtet, und an fünfhundert Bäume aufgehängt werden. Die Hauptleute ermahnten die fünftausend gegenwärtigen Soldaten, den König mit sittsamen Bitten auf ihren Knien um Gnade anzuflehen, aber nicht allzu nah an seine Person zu treten. Sie knieten nieder, umfassten mit einer Hand die Erde, und riefen so leise, wie möglich: Gnade! gnädigster König! Gnade! Der König wandte sich zu ihnen und sagte: Steht auf! Und zu den fünfhundert gebundenen, die in fünf Haufen standen, rief er: Ihr sollt leben, wenn der Rädelsführer sich diesen Augenblick selbst angeben will. Nach einer kurzen Pause, und nachdem sie sich einander angesehen hatten, trat Einer hervor, fiel nieder auf sein Angesicht, und sagte: Gnädigster Herr und König! ich bin es. Ich bitte für meine verführten Kameraden. Nun sollst du auch frey seyn, antwortete der König, und sprach zu den Soldaten: Nehmt euren Mitsoldaten die Bande ab, und gebt ihnen ihre Waffen. Als dieses geschehen war, zog Einer unter ihnen sein Schwert aus, und erstach sich. Man muss wissen, dass dieser der Rädelsführer gewesen war, und dass der erste sich angegeben hatte, weil er sahe, dass sich keiner melden wollte.

VARIANTEN.
S. 269.
IX. *Gedanken über verschiedene Gegenstände.*
S. 276. Z. 10.
die in der Mittelstraße liegt.
S. 279. Z. 9.
sie haben den Verstand derselben nicht.
— — Z. 10. und 11.
Wer in Gesellschaft seiner Freunde immer
Worte wägt, ist selten ein wahrer Freund.

Diesen Verbesserungen und Zusätzen nun, welche in der Berlinerausgabe von 1778. enthalten sind, glaubt man, hier noch jene bey einem Manne, wie Herr v. Kleist, immer merkwürdige Anecdoten beyfügen zu müssen, welche Dr. Krünitz von unserem Dichter aufbewahret hat. In seinen Anecdoten, den Herrn von Kleist betreffend, schreibt Dr. Krünitz, da er vom Herrn Professor Nikolai spricht:

„Dieser edle Mann, der mit gründlicher Gelehrsamkeit die feinste Menschenliebe verband, und im eigentlichen Verstande auch mein Busenfreund war, nahm den schwer Verwundeten (Herrn von Kleist) in seine Behausung, und ließ ihm die sorgfältigste Pflege wiederfahren, um wo möglich, sein theures Leben zu retten. Dr. Eberti und ich, nebst den geschicktesten Wundärzten, kamen fast Tag und Nacht nicht von seinem Bette, und wandten alle Mittel zu seiner Erhaltung an. Es hätte uns auch vielleicht geglückt, wenn Herr von Kleist sich die nöthig gewordene Amputation des Fußes hätte gefallen lassen wollen. Allein, durch alle Bitten und Vorstellungen war er dazu nicht zu bewegen, weil er sich von der Vergeblichkeit der Operation überzeugt glaubte.

VARIANTEN.

Was er ehedem selbst in seinem Cissides und Paches geschrieben hatte:

Der Tod für's Vaterland ist ewiger
Verehrung werth. — Wie gern sterb' ich ihn auch,
Den edlen Tod, wenn mein Verhangnifs ruft!

diesen grossen Gedanken empfand er itzt. Der Tod für das Vaterland war immer, auch selbst im Frieden, sein wärmster Wunsch."
„Dieser Wunsch wurde erfüllt. Er behielt, sein zehntägiges schmerzhaftes Lager über, die bewundernswürdigste Stärke und Gegenwart des Geistes, und unterhielt diejenigen, die um ihn waren (worunter sich auch beständig viele russische Offiziere, die den Werth dieses Kriegsgefangenen kannten und zu schätzen wusten, befanden), mit den lehrreichsten Unterredungen aus allen Fächern der Gelehrsamkeit. Als ich voraus sah, dass er dem Tode unterliegen muste, erbat ich mir von ihm ein Andenken in mein Stammbuch. Er nahm es, traf sogleich auf die Seite, worauf der Prinz von Preusen geschrieben hatte *), küste es, und sagte: Das ist Balsam für meine Wunden! O würdigster Thronfolger! Nachher fand er, zu seinem grösten Vergnügen, berühmte Namen eines Euler, v. Wolf, v. Haller, Ernesti, Lessing und vieler andern, und machte theils über ihre Person, in so fern sie ihm bekannt

---

*) Der Prinz hatte die herrlichen Worte aus dem Virgil eingeschrieben:

— Animo repetentem exempla meorum
Et Pater Aeneas, et auunculus excitat Hector.

waren, theils über ihre Schriften die gründlichſten Anmerkungen. Auf die Frage: „Was ſoll ich armer Kriegsknecht Ihnen denn einſchreiben?" antwortete ich: „Schreiben Sie eine Satire auf die Ärzte, denn ich bin meiner Kunſt und allen Ärzten gram, daſs wir Ihnen nicht helfen können." So werde ich Ihnen denn, ſagte er, aus dem Seneka ſchreiben: *Innumerabiles morbos miraris? Medicos numera.* Vortrefflich! erwiederte ich. Daſs beim Seneka nicht *Medicos*, ſondern *Coquos* ſtünde, mochte ich ihn nicht erinnern, weil ich wirklich vermuthete, daſs ſein Gedächtniſs ihn hier verlaſſen, und ich ihm auch zu dieſem launigten Einfall Anlaſs gegeben hatte. Er foderte einen Folianten, legte ihn im Bette auf das Knie ſeines zerſchmetterten Fuſſes, legte das Stammbuch darauf, und ſchrieb, zu meinem gröſsten Erſtaunen, das wahre Wort:

Innumerabiles eſſe morbos miraris?
coquos numera *).

Francof.
d. 23. Aug. 1759.

Hisce Nobilissimo
Domino Possessori memoriam sui commendat
E. C. de Kleiſt.

„Nach dieſem gelehrten Scherze ſtarb er am folgenden Tage mit einer faſt beyſpielloſen Gegenwart des Geiſtes und der Ge-

---

*) Du wunderſt dich, daſs es ſo unzählige Krankheiten giebt? — Zahle die Köche.

VARIANTEN.

laſſenheit. Selbſt die bey ſeinem Tode gegenwärtigen feindlichen Offiziere vermiſchten ihre gerechten Thränen mit den unſrigen."

„Um ſeine Geſichtsbildung uns gegenwärtig zu erhalten, machte ich von ſeinem, auch nach dem Tode noch beſtändig freundlich und leutſelig gebliebenen Geſichte, einen Gypsabdruck. Die Frau Profeſſorinn Nikolai, eine Schweſter des berühmten Herrn Doktors Zückert, belegte die Bruſt im Sarge mit einem breiten ſchwarzen ſeidnen Bande, worinn meine ſelige Gattinn die Buchſtaben E. C. v. K. mit weißer Seide genähet hatte. Dieſes ſeidne Band hat man im Jahre 1777, und alſo nach 18 Jahren, als man, um Kleiſts Grabmal zu entdecken, nachgrub, nebſt dem zerſchmetterten Schienbeine, im Sarge noch unverweſen wieder angetroffen; und eben aus dieſem Bande vornehmlich erkannte man ſein Grab."

„Herr Nikolai hielt ihm eine Standrede, die er aus aller unſerer Herzen herlas, und welche durch allgemeines Schluchzen und lautes Weinen von Freunden und Feinden öfter unterbrochen ward."

„Sechs ruſſiſche Staabsoffiziere, einige Profeſſoren, Magiſtratsperſonen, ich und ein anſehnlicher Zug von Studenten begleiteten die Leiche zu ihrer Ruheſtätte. Als acht ruſſiſche Grenadiere den Sarg auf ihre Schultern heben wollten, fragte der edle ruſſiſche Kommandant, Herr Major von Haudring, der in dieſem Augenblicke nicht daran dachte, daſs ein auf dem Schlacht-

VARIANTEN.

felde nakend ausgezogener feindlicher Offizier weder Degen noch Schärpe und Ringkragen mehr besitzen konnte, ob man nicht diese Ehrenzeichen auf den Sarg legen würde. ,,Wie konnten wir das itzt haben?" antwortete Herr Nikolai. Nein! erwiederte der grofsmüthige feindliche Befehlshaber, der Leiche eines so würdigen Offiziers muſs dieſes kriegerische Ehrenzeichen nicht fehlen! Er zog hiebey seinen eigenen Degen von der Seite, und dieser ward auf den Sarg befestiget. Man folgte der Leiche, die auf Befehl der Offiziere von der am Thore befindlichen Wache auf gut russisch salutirt wurde. Kleist ward den Augen, aber nicht den Herzen entzogen."

www.ingramcontent.com/pod-product-compliance
Lightning Source LLC
Chambersburg PA
CBHW020238170426

43202CB00008B/125